西北师范大学一流学科突破工程经费资助

 新编21世纪史学系列教材

史学论文写作教程

第2版

田 澍 主编

常 成　张连银　马玉凤 副主编

A Guide to Writing Historical
Research Papers

中国人民大学出版社
·北京·

内容简介

《史学论文写作教程》（第2版）是专门针对历史学专业本科生如何撰写规范论文的教材。本教材注重适用性和实用性。本教材按照史学论文写作结构和顺序，从论文选题入手，分章对标题、摘要、关键词、引言、正文、结语的写作进行详细的论述，并就引文注释标注与参考文献著录进行讲解，对论文答辩的程序和如何应对等问题做了具体的说明。

本教材注重解决教师"如何教"的问题，其中列举的案例体现了当下史学的新方法和新思想，更加符合历史学专业本科生的教材要求，高度契合学生学习论文写作的需求。

本教材也易于本科生学习掌握，通过对本教材的学习，学生能够解决"如何学""如何写"的问题。

作者简介

田　澍　历史学博士，西北师范大学历史文化学院教授、博士生导师，中国历史研究院田澍工作室首席专家，入选国家高层次人才特殊支持计划，享受国务院政府特殊津贴。现为西北师范大学国家级一流本科专业建设点历史学专业负责人，"全国高校黄大年式教师团队"（简牍与丝绸之路文明研究教师团队）负责人，教育部历史学类专业教学指导委员会委员，甘肃省高等学校文史哲类专业本科教学指导、认证与教材建设委员会主任委员。出版著作十余部，发表学术论文180余篇，为本科生先后讲授"史学论文写作""中国古代史""中国历史要籍介绍及选读"等课程，曾获霍英东教育基金会高等院校教育教学奖、宝钢优秀教师奖、甘肃省高等教育教学成果特等奖和一等奖，曾获评甘肃省高等学校教学名师、甘肃省研究生教育优秀导师。

常　成　历史学博士，西北师范大学历史文化学院副教授，发表论文多篇，开设"中国近现代史纲要"等课程。

张连银　历史学博士，西北师范大学历史文化学院教授、硕士生导师，甘肃省飞天学者，发表论文多篇，开设"中国古代史""明清史"等课程。

马玉凤　历史学博士，西北师范大学历史文化学院教授、博士生导师，甘肃省领军人才、陇原青年英才、甘肃省一流本科课程负责人，发表论文多篇，开设"史学论文写作"等课程。

　　"史学论文写作"是历史学专业本科教育教学中实践性很强的一门课程。顾名思义，该课程围绕论文要素，重点讲授如何撰写规范的史学论文。

　　《史学论文写作教程》是专门针对历史学专业本科生如何撰写规范论文的教材。本教材从论文选题入手，分章对标题、摘要、关键词、引言、正文、结语的写作进行详细的论述，注重体例的完整性；就引文注释标注与参考文献著录进行讲解，对论文答辩的程序和如何应对等问题展开具体说明，突出内容的实用性；通过大量的案例具体说明"如何写"，便于课堂实践，利于学生掌握，强调操练的示导性。在选取案例时，既兼顾中国史、考古学、世界史等不同学科，又考虑到不同的研究方向，尽可能满足学生多方面的学习需要。《史学论文写作教程》（第 2 版）对初版内容进行优化，更换了部分案例，使之更加符合历史学专业本科生的教材要求。

　　在大学的历史学专业学习和论文写作训练中，学生不可能完全依靠一本教材就学好专业，也不可能仅仅依靠一本教材就写好论文。一般来说，要完成一篇规范的、优秀的论文，需要不断地研读各类文献，不断地思考问题，围绕论文主体来理顺逻辑关系，不断完善结构，用规范的语言准确表达自己的见解。在使用本教材时，学生要大量阅读高水平论文，体会论文写作中的"变"与"不变"，尤其要领会论文写作中的多样性和灵活性。对于教师而言，在教学中要因材施教，充分发挥能动性和引导作用，根据课时数和学生实际水平适当增删教学内容。需要强调的是，"史学论文写作"教学还要与"史学概论""史学理论与方法""历史文献学""中国历史要籍介绍与选读""中国史学史""西方史学史"等课程内容结合起来，多种渠道培养学生解决问题的能力。

　　本教材由甘肃人民出版社于 2011 年首次出版，自出版以来，因其鲜明的实用性而受到历史学专业学生的欢迎，现依托西北师范大学历史学专业（国家级特色专业）、中国古代史教学团队（国家级教学团队）、历史学国家级一流本科专业建设点、"全国高校黄大年式教师团队"（简牍与丝绸之路文明研究教师团队）等力量，组织人员进行修订。在修订过程中坚持以马克思主义唯物史观为指导，尽可能选用能够反映最新研究成果、展现史学新方法和新思想的案例，注重解决教师"如何教"、学生"如何学"的问题，力图使之成为一部兼具时代性、指导性、针对性的史学论文写作教材。

　　修订后的《史学论文写作教程》收入"新编 21 世纪史学系列教材"，由中国人民大学出版社出版发行。

编者

2024 年 5 月

目录

第一章
论文的选题

选题就是确定论文所要研究的对象，即确定论文"写什么"的问题。和学术论文选题相关的概念有三个：课题、主题和标题。其中，课题指论文研究的主要问题，偏重客观存在；主题是论文的主要内容和思想倾向，具有一定的主观因素；标题是用来标明论文的题目，有时指代课题，有时点明主题，亦可二者兼而有之。因此，从操作层面而言，论文的选题即论文题目的确定。

第一节　选题的原则

尽管对怎样选择论文题目没有统一的规定，但要选定一个较好的论文题目，还是有一定原则的。一般而言，主要有以下几个方面。

一、可行性原则

可行性，就是选定的题目要能在规定的时间之内完成。相对而言，大多数学生还处在知识的积累阶段，逻辑思维能力有待进一步提高，所以对比较大的、有难度的问题难以形成较为成熟的认识。另外，研究主体本身和其他客观条件也会使初学者难以着手。如先秦以前的历史，由于古文字记载的特殊性、实物材料的缺乏，初学者往往很难把握。贸然选定这样的题目往往会事倍功半，甚至出力不讨好，很难形成有学术价值的认识。

选题宜小不宜大。大的题目需要掌握大量的史料和广博的知识，初学者要在短期内搜集充足的资料是有困难的，选择的题目太大就难以进行深入细致的分析与讨论，容易形成泛泛之论。小的题目史料收集相对容易，写作容易驾驭，只要史料搜集充足，论证就有理有据。当然题目大小的界定并不是绝对的，研究者如果史料功底深厚、基本功扎实，有较强的分析和综合能力，就可以选择稍大一些的题目，对自己的要求高一些。如果觉得对一个大问题的把握有难度，那么就应该选择较小的题目，集中力量抓重点，"小题大做"。

选题要难易适中。学术研究要有"知难而进"的勇气和信心，但更应该从实际出发"量力而行"，选择与自己能力相适应的题目。写好一篇论文，是对作者史料功底、分析问题与解决问题能力、写作能力的综合考察。有的学生选题时往往选一些偏难的题目，这种勇于钻研的精神值得鼓励和肯定，但如果不考虑个人实际，在规定的时间内就往往完不成任务，建议尽可能少选或不选这类题目。也有学生选题过于简单，只是对相关的史料做一堆积，对已有成果加以转述，这样的写作达不到提高学术研究能力的目的。只有选择难易适中的题目，循序渐进，综合所掌握的材料，结合史学基础理论，才能在规定的时间内写出一篇有较高学术价值的论文。

初学者选题时要充分了解相关问题的基本材料和前人研究的成果。一方面，材料的匮乏不利于学术研究。史学论文中，一个观点的形成要依靠大量翔实可靠的材料来论证。材料是文章写作的基础，如果材料匮乏，则基础不牢，就不可能写出有说服力的论文。最常见的是初学者在不了解选题材料的情况下盲目地就某一问题进行研究，中途才发现材料不足，只能半途而废。另一方面，对前人的研究成果要做充分的梳理，从中找出薄弱环节作为自己的选题。如果前人对某一问题已有深入的研究，自己又没有发现需要进一步深入研究的问题，这样的问题也不宜作为自己的选题。

二、价值性原则

选题应该考虑其是否有学术价值。人类的历史活动丰富，情况复杂，前人对有关问题的研究在不同的历史时期取得了一定的成就。但由于受学术条件的限制和时代的局限性，不可能对人类历史的活动做出最终的结论，其相关看法也是相对的，有些甚至是错误的。利用现有的科研条件，从全新的角度对问题进行论述，可以弥补相关研究的不足，进一步推动学术研究的发展。前人未研究或是尚未深入研究的问题，其学术价值是不言而喻的。

选题还应考虑社会价值，着眼于现实和社会发展的需要，实现学术研究服务社会的目的。选题时应从与生活密切相关的热点问题出发，追溯其历史发展的进程，总结经验教训，为当前人们解决具体问题提供借鉴。

强调选题的价值性是一个总体的原则或要求，就历史学而言，并不是所有的成果都会有立竿见影的效果或功用。因此，衡量史学论文学术价值并不是一件容易的事。有的文章今天看来是有较大的社会价值，但随着时代的发展和认识的深入，可能会发现其没有多大的学术价值；有些选题尽管目前不被关注，但是随着时间的推移和研究问题的突显，其学术价值会被人们重新认识。

三、创新性原则

论文写作质量高低、价值大小、成功与否，很大程度上取决于文章有没有创新之处。如果作者进行了深入的研究，在某一问题上形成了富有新意的看法，就会使读者眼前一亮，给人某种启迪，文章也有了存在的价值。史学论文的创新体现在材料新、方法新、结论新三个方面。

材料新，就是运用前人未曾使用过的材料。材料是论文写作的基础，用新的材料来论证自己的观点，一方面能够体现作者挖掘史料的能力，另一方面也能够展示作者驾驭新材料的能力。论文写作中最忌讳沿用旧材料，重复旧观点，老调重弹。要掌握前人没有用过的材料，就需要阅读大量的史籍，找出与自己研究相关的材料；也可以实地调查研究，积累整理与自己论文相关的材料，尤其是一些新的重大的考古遗址的发现，如果有可能，研究者要尽量进行实地考察。新的材料还来源于学术界对某一问题的最新观点，这多源于新出版的书籍、最近解密的档案以及各类最新公布的或刊载的材料；也源于最新出土的典籍，或已有的经过点校整理出版后并未被人研究使用的典籍。

方法新，就是研究时使用新的角度或新的研究方法，从而得出新的认识。对于某段历史，不同的研究者从不同的角度和层面看问题，会得出不同的结论。对于同样的一个问题，前人已经取得了不少研究成果，后来的研究者可以选取不同于前人的新角度来看这一问题，研究方法的创新会得出不同的认识和结论。

结论新，就是依托新的材料或方法，得出全新的结论，或是对已有观点提出不同的看法。论文必须有新的观点，否则就失去了写作的意义。论文的写作不能随大流、顺风倒，重复别人的研究，而需要在可靠史料的基础上独立思考，提出独到见解，得出有创造性的结论。

第二节　选题的途径

在史学研究中，选题的途径很多，对初学者而言，有意识地掌握最有效的选题途径，能更好地选定论文的题目。

一、从兴趣出发选题

论文写作中所说的兴趣，并非日常生活中对某一事物的喜好，而是在史学研究领域内对某个问题有着极强的热爱并产生强烈的追求与探索真相的冲动。兴趣是最好的老师，只有对某个学术问题有极强的兴趣，才会产生研究的动力，心甘情愿地为之付出更多的精力。一个人对某一个问题兴趣越浓厚，平时关注的相关资料也就会越多，更会认真思考、仔细发掘，发现不被他人关注的材料，得出新的观点。

二、在读书学习中选题

在读书学习中选题，即要求初学者在平时的学习中广泛地阅读资料，勤于思考，善做笔记，随时记录所学所思；在阅读他人的研究成果时，反思作者为什么会形成这种看法，他的研究是否深入，有没有再进一步研究的必要，研究有哪些不足，这样的思考可以激发对学术研究的兴趣和创新的灵感。

三、结合现实选题

历史是现实的根源。观照当下，为现实服务，是历史学的功能和魅力所在。结合现实选题就是从现实生活中选择那些直接影响社会发展和人类生活的问题，从历史上寻找相同或者相似的问题进行研究，为当下解决现实问题提供思路、寻找途径或者激发灵感。结合现实选题并不是跟风或人云亦云，而是之前就有大量相关的背景知识的积累，等到现实问题出现后，用历史的眼光去分析，发前人之所未发。

四、在听讲中选题

学生很多时间是在课堂上，只要留心听讲，或许就能在教师的讲课中发现论文的题目。同时，要积极主动地听学术报告，因为专家的讲座一般是有关学术前沿问题的研究，从中可以了解最新观点和研究动态，也许能够发现选题。此外，还可以从论文答辩中获取许多信息。答辩委员对学生论文的评议往往会提出很多问题，这对旁听者选题有启发作用。

五、向师长寻求帮助

对初学者而言，选题的难度较大，最好的方法之一就是诚恳地向师长请教。师长对史料的掌握和学术前沿动态的把握都相对精准，说不定手头就有已经想好但没有进一步去做的题目，顺着师长的思路选题，就会在材料的搜集、研究方向的把握上省去不少麻烦。尤其是导师，如果学生及时请教，他们都会从各个方面提供有效的建议。

当然，选题的途径还有很多，初学者可从自己的实际情况出发，通过多种途径选定自己的论文题目。不管从哪种途径选题，题目一定要有学术性和创新性。

◀ 思考题 ▶

1. 史学论文选题一般要遵循哪些原则？

2. 论文的创新性体现在哪几个方面？

3. 除了教程中提到的选题途径，你认为还可以如何选题？

第二章
论文的标题

　　标题是文章的眼睛，用精练的语言高度概括文章的主要内容，是体现论文价值和功能的有机组成部分。一个好的论文标题，能使读者对作者研究的问题及中心议题一目了然，引起读者的强烈关注和阅读欲望。毫不夸张地说，标题拟得好，意味着文章成功了一半。因此，拟定一个好的标题尤为重要。

第一节　标题的分类

　　史学论文的标题要求具有专业性，且能够明确表达出作者想要论述的内容。拟定标题时应做到用词严谨，逻辑通顺。要拟好论文的标题，必须做到以下几点：

　　第一，标题要短小精悍，简单明了，易读易懂。《学术论文编写规则》（GB/T 7713.2—2022）对学术论文标题的撰写有明确的规定，要求一般不宜超过25字。据此，标题在准确反映论文所表述内容的前提下，字数越少越好，可以使用人所共知的缩写词。

　　第二，标题不能出现歧义，句式搭配要得当，成分无冗余或残缺。标题的用词应仔细选取，各种概念应统一，要搭配好用词。拟定标题时，要避免以下情况：一是标题过大，而正文中讨论的只是标题所涵盖的一部分；二是标题过小，而论文内容拓展得太广；三是标题含义模糊。

　　第三，标题要求新颖而又严谨。新颖的学术论文标题能让读者产生好奇感，能让读者眼前一亮，激发阅读的兴趣。标题的新颖性要求语言具有时代特点，但不能随意创造词汇，违背学术规范。

标题既有一般语言运用的共性，又有其独特的个性。只有对学术论文标题遣词造句的特点有较为全面的了解和深刻的认识，才可能在写作过程中根据自己文章的主要内容，抓住本质，游刃有余地使论文标题达到完美。为了帮助初学者较好地了解史学论文标题的特征，下面分类予以说明。

一、陈述式标题

这是最常见的一种标题，即根据文章的内容，用简洁的语言高度概括文章所要表达的内容。如：

标　题	作　者	出　处
《敦煌历史上的曹元忠时代》	荣新江	《敦煌研究》2006 年第 6 期
《西汉长安的丞相府》	宋　杰	《中国史研究》2010 年第 3 期
《抗日战争期间八路军弹药来源问题研究》	齐小林	《近代史研究》2020 年第 5 期
《唐前期凉州境内羁縻府州的兴废》	濮仲远	《中国边疆史地研究》2021 年第 3 期
《明代地方社会的宾兴礼仪》	李　媛	《中国史研究》2023 年第 3 期

二、范围限定式标题

由于文章所描述的问题可能非常大，无法用一篇论文来说清楚，这类论文在拟定标题时，就可以将全文的内容予以限定，使研究的对象更加具体。如：

标　题	作　者	出　处
《从〈长沙走马楼三国吴简〉看三国吴的家庭结构》	贾丽英	《中国史研究》2010 年第 3 期
《多边关系框架下国民政府外交重心的转移（1937—1940）》	肖自力 蔡梓	《历史研究》2019 年第 6 期
《清华简〈赤鹄之集汤之屋〉所见古史传说》	阮明套	《中国史研究》2022 年第 3 期
《近代武汉棉业的贸易与发展（1893—1937）》	刁莉 唐倩	《中国经济史研究》2023 年第 4 期

三、带副标题的标题

为了更明确地表述作者的写作意图，对总标题做更为详尽的解释说明，强调所要论述的侧重点，可以在论文主标题后加上有限定性质的副标题，常见的有："以……为例""以……为中心""以……为视角""以……为个案"等。如：

标　题	作　者	出　处
《敦煌郡在西汉经营西域中的战略定位——以敦煌简牍文献为中心》	郑炳林 司豪强	《史学月刊》2024 年第 4 期
《雍正改制与清代科举的新传统——以登极恩科和恩诏科举广额为例》	张瑞龙	《史林》2024 年第 1 期
《清末新疆乡约的微观考察——以吐鲁番厅为个案》	张连银	《民族研究》2021 年第 3 期
《20 世纪中立危机新探——以大国政治、技术进步与集体安全为视角》	梁　志	《世界历史》2023 年第 3 期

四、对应性标题

此类论文标题是由对应的两部分组成，中间以冒号隔开，表示所要论述的是前后两部分对应的内容，往往重点突出，标题新颖。如：

标　题	作　者	出　处
《青年戴震：十八世纪中国士人社会的"局外人"与儒学的新动向》	胡明辉 董建中	《清史研究》2010 年第 3 期
《中国疆域诠释视角：从王朝国家到主权国家》	李大龙	《中国社会科学》2020 年第 7 期
《博雅与专业的妥协：19 世纪牛津大学历史学科的建立》	陈　磊	《世界历史》2021 年第 4 期
《孝思与神仙：云峰诸山北朝题刻的形成》	魏　斌	《中国史研究》2023 年第 3 期

五、问题式标题

这类标题用设问的方式，显得更为醒目。有的是在正文中对标题之问做出回答；有的虽然没有直接回答问题，但实际上作者的观点十分明确，只不过是语气委婉而已。采用问题式标题，更易引起读者的注意。如：

标　题	作　者	出　处
《西汉存在"太常郡"吗？——西汉政区研究视野下与太常相关的几个问题》	马孟龙	《中国历史地理论丛》2013 年第 3 期
《美国是"帝国"吗？——对美国政界学界相关争论的辨析》	夏亚峰	《世界历史》2017 年第 2 期
《藩镇：一个难以被纳入唐宋变革论的议题？》	仇鹿鸣	《唐宋历史评论》2021 年第 2 期
《斯坦因等人在中国干了些什么？》	王冀青	《历史评论》2022 年第 5 期

六、带有特殊词的标题

学术论文标题语言在长期写作实践过程中形成了自身的规律和特点，有一些特殊词，像"考""勘误""评"等就能够显示出文章的体例与大致内容。如：

标　题	作　者	出　处
《〈后汉书〉勘误一则》	代国玺	《中国史研究》2010 年第 3 期
《雍正第五子和亲王弘昼形象考辨》	李文益	《历史档案》2021 年第 4 期
《宋代"兼并之家"考析》	李华瑞	《历史研究》2022 年第 2 期
《清代江浙海域勘界考述》	宋可达	《清史研究》2023 年第 2 期
《〈明实录〉早期流传考》	张赟冰	《文史》2023 年第 3 期

第二节　标题常用语释例

标题根据文章的内容可以灵活拟定，并无定法。但有一些词语是学术论文标题中常用到的，由于理解和认识上的偏颇，一些初学者在拟定标题时往往会出现用词不妥、文题不符的现象。现就史学论文标题中经常使用的词语予以说明解释。

一、刍议

刍议，同"刍言"，指自己的议论，是作者的自谦用语。如：

标　题	作　者	出　处
《先秦时期编织业刍议》	卢华语	《中国经济史研究》2018 年第 5 期
《民国初期河南省的县视学选任刍议》	李常宝	《史学月刊》2021 年第 10 期
《中国近代社会史"三大体系"建设刍议》	行　龙	《近代史研究》2022 年第 4 期
《"中庸"朔义刍议》	梁立勇	《中国史研究》2022 年第 1 期

类似词语还有"刍论"等。

二、初探

初探，意为对某一问题进行初步的探讨。用在论文的标题中，一方面指出探讨的问题是新问题，另一方面也表明作者提出的见解是初步的。如：

标　题	作　者	出　处
《孙中山依法治国思想理论体系初探》	黄建水	《史学月刊》2002年第7期
《清代苏南家训及其特色初探》	蒋明宏 曾佳佳	《社会科学战线》2010年第4期
《疫疬流行与政治改革——越南阮朝明命初年庚辰大疫初探》	成思佳	《世界历史》2020年第5期
《林甘泉中国马克思主义史学研究初探》	张　越	《中国史研究》2023年第2期

类似词语还有"初窥""管窥""蠡测"等。

三、商榷

商榷，指商讨、斟酌。用在标题中，指就某一问题发表与别人不同的观点，一般用于论文的副标题中，并具体指出商讨的对象。如：

标　题	作　者	出　处
《关于明代科举研究中几个流行观点的商榷》	郭培贵	《清华大学学报》（哲学社会科学版）2009年第6期
《国民党中政会若干问题的订正与商榷》	彭厚文	《湖北大学学报》（哲学社会科学版）2010年第3期
《〈袁内阁请速定大计折〉上奏问题商榷》	侯宜杰	《近代史研究》2018年第6期
《巫蛊之祸视阈下汉武帝与戾太子父子纠葛探析——与辛德勇等先生商榷》	李　峰	《清华大学学报》（哲学社会科学版）2020年第2期
《南宋环卫官再探——与林煌达先生〈南宋环卫官的演变与发展〉商榷》	束保成	《中山大学学报》（社会科学版）2023年第3期

四、考

考，即考证，是根据史料或事实进行考察、核实，通过史料的论证得出结论。如：

标　题	作　者	出　处
《汉阙考》	姜　生	《中山大学学报》（社会科学版）1997年第1期
《"车同轨"考》	吴琦幸	《华东师范大学学报》（哲学社会科学版）2010年第4期
《乾隆末安南国王阮光平入华朝觐假冒说考》	张明富	《历史研究》2010年第3期
《关东军稀有元素调查班考》	乔林生	《近代史研究》2022年第4期
《吴觉农任教芜湖师友交谊考述》	邹　怡	《复旦学报》（社会科学版）2024年第2期

类似词语还有"新考""再考""新证""考论""考析""考辨""考述"等。如：

标 题	作 者	出 处
《曹雪芹卒于"壬午除夕"新考》	黄一农	《红楼梦学刊》2016 年第 1 期
《辽代耶律弘益妻萧氏墓志再考》	司伟伟	《北方文物》2024 年第 2 期
《元丰改制后北宋省部寺监关系考论》	黄光辉	《历史研究》2023 年第 6 期
《宗藩之溃：1885 年中日〈天津条约〉"派兵条款"形成考析》	李育民 匡 艳	《抗日战争研究》2023 年第 3 期
《阿里与拉达克传统分界线考辨——以碟穆绰克为中心》	严祥海 旦正才让	《中国藏学》2023 年第 5 期
《嘉庆十八年墨尔根遣奴起事考述》	孙浩洵	《历史档案》2024 年第 1 期

五、发凡

发凡，用于陈述某一著作或某一学科的要旨或体例。如：

标 题	作 者	出 处
《战国诸子史学思想发凡》	葛志毅	《大连大学学报》2008 年第 5 期
《中华海洋文明论发凡》	杨国桢	《中国高校社会科学》2013 年第 7 期
《聚落、走廊与遗产：环太行山区域研究发凡》	郭永平	《山西大学学报》（哲学社会科学版）2023 年第 5 期
《明清伊斯兰学者存在论发凡》	马晓琴	《世界宗教文化》2023 年第 3 期

六、辨

辨，通"辩"，争论辩解之义，用在标题中，表达作者自己就某一问题的独特看法。如：

标 题	作 者	出 处
《卢弼〈三国志集解〉所据底本考辨》	刘奉文	《中国史研究》2010 年第 2 期
《朱熹仁礼关系辨：以"克己复礼为仁"诠释为中心》	郭园兰	《中国哲学史》2021 年第 6 期
《奴儿干都司辖境考辨》	杜洪涛	《中国边疆史地研究》2023 年第 1 期
《苏轼嘉祐二年省试名次辨正》	陈 锴	《中国史研究》2023 年第 3 期

七、评介

评介，一方面介绍某个学术观点或某本论著，另一方面对其进行评价。如：

标　题	作　者	出　处
《禳灾与减灾——秦汉社会自然灾害应对制度的形成评介》	王万盈	《中国经济史研究》2009年第1期
《李昌宪先生〈中国行政区划通史——宋西夏卷〉评介》	田志光 王曾瑜	《中国史研究动态》2010年第9期
《铜山西崩　洛钟东响——〈牛津历史著作史〉读后》	张广智	《世界历史评论》2023年第3期
《赵德馨主编〈中国经济史大辞典〉评介》	魏明孔	《中国经济史研究》2023年第1期

八、也谈

也谈，即"也是谈""同是谈"。常见于针对同一学术问题发表与某人不同的观点。如：

标　题	作　者	出　处
《也谈"真二千石"》	阎步克	《史学月刊》2003年第12期
《也谈一流大学与一流学科的建设问题》	刘家和	《史学理论与史学史学刊》2017年第1期
《也谈"卫灵公问陈于孔子"中"陈"的读音》	邱　崇	《中国典籍与文化》2019年第1期
《也谈〈大唐西域记〉的"阙文"问题》	王邦维	《文史》2021年第2期

九、兼评

兼评，指一方面表述自己的观点，另一方面对某种理论或观点进行评价，因此往往用在副标题上。

标　题	作　者	出　处
《辽穆宗草原本位政策辨——兼评宋太祖"先南后北"战略》	林　鹄	《中国史研究》2016年第1期
《从〈元经〉看王通北魏正统的确立依据——兼评孝文帝的门阀制度重建》	胡克森	《史林》2018年第1期

续表

标　题	作　者	出　处
《利玛窦 400 年形象史考论——兼评当下文史研究的四种困境》	纪建勋	《北京大学学报》（哲学社会科学版）2024 年第 3 期
《"眼光向下"与中国近代商人团体史研究的新突破——兼评〈街区里的商人社会：上海马路商界联合会（1919—1929)〉》	朱　英	《史学月刊》2022 年第 10 期

十、别解

别解，即另有所解之义。针对前人提出的某一问题或某一观点，提出自己独立的见解，但并不一定否定或不直接否定已有的观点。

标　题	作　者	出　处
《孔子"弦歌"别解》	蒋国保	《孔子研究》2009 年第 3 期
《礼乐兴衰与晋宋之际"诗运转关"别解》	王学军	《北方论丛》2015 年第 3 期
《北魏道武帝晚年行事别解——对其罹疾与服散的分析》	周文俊	《社会科学研究》2017 年第 3 期
《宗主督护别解——以北朝墓志、碑记、造像记为中心》	姚立伟	《中国典籍与文化》2021 年第 4 期

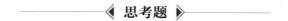

◀ 思考题 ▶

1. 拟定论文标题时应注意哪些主要问题？

2. 标题一般分为哪些形式？各有什么特点？

3. 选读几篇已公开发表的论文，分析其标题拟定的得失。

第三章
摘要的写作

摘要体现学术论文的核心和精髓，展示研究的创新点、目的、方法、结果和结论等，是学术论文的重要组成部分。摘要作为可独立阅读的文本，读者可借助论文摘要，以最少的时间获得论文的主要信息。读者在翻阅文章时，首先阅读论文的摘要，然后根据摘要来决定是否阅读整篇论文，这就要求作者一定要写好摘要。

第一节　摘要写作中应注意的问题

摘要是对论文的内容不加注释和评论的简短陈述，应具有独立性和自明性，即不阅读全文就可以获得必要的信息。然而在实际的写作中，有不少人撰写的摘要不合规范或不得要领。要写好规范的摘要，一定要注意下面几个问题。

一、正确区分摘要与提要

易与摘要混淆的词是"提要"。与摘要不同，提要是提出论文要点，评述论文的学术成就及存在的问题，向一定范围的读者推荐等。提要与摘要有着很大的区别。从写作目的来看，摘要的目的主要是用精练的语言客观如实地介绍论文的精华之处与创新之处，有利于读者比较全面准确地把握文献的主要内容和获取创新观点。而提要的目的是向读者提示论文的主要内容，评价其学术价值和将产生的作用，侧重于提示和推荐。从写作内容的范围来看，摘要只涉及本篇论文，需要忠实原文献已有的主题、内容和信息，保持客观的态度，不加任何评论，也不加说明，不允许离开原文献发挥。而提要不仅是对论文的真实反映，而且能对论文进行评价；不仅能以作者的身份进行撰写，而且能以其他人的身份来撰写；不仅可以陈述论文已有的内容，而且可以超越论文的内容。

二、摘要写作不宜用第一人称

摘要写作宜用第三人称的写法。应采用"对……进行了研究""报告了……现状""进行了……调查"等记述方法标明论文的性质和主题，不必使用"本文""作者"等作为主语。但很多作者写摘要的时候，习惯于运用"本文首先对……进行了研究""作者认为""笔者认为"，其实，这些都是没有任何信息价值的表述，因为读者通过阅读已经知道是谁写的文章，没有必要再重复。在摘要中使用具有主观色彩的第一人称代词，就会削弱摘要的客观性。也有作者会用"我们"这个第一人称复数代词，认为这样可以避免独断，但这样就犯了逻辑上指代不清的错误，因为作者的观点不能代替其他人的看法。

三、摘要不宜加入主观评论

摘要应当着重反映研究中的创新内容和作者的独到观点，不要简单重复标题中已有的信息，不要罗列文章论点，不要介绍研究背景或已知的常识。但在论文的写作中，有些作者把摘要写成了对背景知识的交代。有些作者为了强调自己论文的学术价值，或生怕读者不知其学术价值何在，在摘要中对文章的价值加入主观评论，结果却适得其反。因为文章价值的大小不是作者主观的评价就能定论的，作者主观评论只能给人一种自吹自擂之感。

四、摘要应避免重复论文标题

有的摘要只是在文中简单地重复论文的题目，也有的摘要简单地将论文的主标题、分标题、小标题串起来，虽然看起来很简约，但其实没有提供一点有价值的信息。摘要的内容在于向读者提供有用的信息，而非简单罗列文中标题。文中的标题有主标题、分标题和小标题三部分。一般情况下，主标题是对全文的高度概括，相对而言比较宽泛。小标题概述的是文章的具体内容，相对比较细微。分标题可以作为写作摘要的参考，但摘要的写作并非对文中标题简单地罗列，而是将能反映文章主要观点和学术价值的文字与分标题有机地结合起来，以帮助读者在阅读摘要之后对文章的主要观点和学术价值有初步的了解。

摘要写作中的不规范现象，究其原因，还在于作者自身。有的作者认为科研就是写好论文，只要论文质量高就行了，写摘要纯属多此一举。基于这样的认识，在写作的过程中随便把文中某段或几个句子拼凑粘贴在前面当作摘要，而没有花费精力认真思考，高度概括全文，因而导致摘要信息不完整、不准确以及逻辑混乱等问题频频出现。其实很多人忽略了摘要也是文章的一部分，摘要的重要功能就是向读者提供完整、简练的研究信息。如果做不到规范写作摘要，那么不管对于读者的检索还是研读都不方便。

第二节　摘要的写作要素

要写出规范的论文摘要，就必须准确地理解摘要概念，了解摘要的写作规范。宜采用报道性摘要，也可采用指示性摘要、报道指示性摘要。摘要的内容通常包括研究的目的、方法、结果和结论。

"目的"是研究、研制和调查等的出发点及任务，涉及的是主题范围。"方法"是研究所用的原理、理论、条件、材料、工艺、结构、手段、装备、程序等。"结果"是指实验或研究的结果、数据、被确定的关系、观察结果、得到的效果及性能等。"结论"是对结果的分析、研究、比较、评价、应用，以及提出的问题、今后的课题、假设、启发、建议、预测等。

在实际写作中，目的、方法相对容易把握，最易混淆的是结果和结论。商务印书馆 2016 年版的《现代汉语词典》把"结果"定义为："在一定阶段，事物发展所达到的最后状态。"而把"结论"定义为："从推理的前提中推论出来的判断。"由此可见，结果重在"最后状态"，而结论重在由已有的结果进行"推论"。结论不能简单地重复研究结果，必须是对研究结果的进一步认识。结论的内容应着重反映研究结果的理论价值、实用价值及其适用范围，可提出建议或展望，也可指出有待进一步解决的问题和对以后研究的设想。

结论的写作虽然没有固定的格式，但根据其内容可以归纳为以下几种类型：对正文内容重点进行概括，进一步突出作者的观点；在论证的基础上，对其观点的价值进行说明；提出与本研究结果有关的有待进一步解决的关键性问题。

明确了摘要的要素，在写作时还应注意遣词造句。摘要的写作要短小精悍、重点突出，准确地把论文的主要内容展示出来；摘要的写作还要完整，用词准确、结构严谨、逻辑性强。摘要是一篇独立性较强的完整短文，读者不用阅读原文就能知道文章的要旨和大意。

第三节　摘要的写作类型

把握了摘要的写作要素，根据研究的对象，可以灵活地写作摘要。总结归纳摘要的类型，最常见的有报道性摘要、指示性摘要、报道指示性摘要三种。中文摘要的字数，原则上应与论文字数多少相适应，在一般情况下，报道性摘要 400 字左右，指示性摘要 150 字左右为宜，报道指示性摘要 300 字左右。

一、报道性摘要

报道性摘要，又称资料性摘要或情报性摘要，向读者提供论文中的全部创新内容、主要研究成果和尽可能多的信息。报道性摘要一般包含目的、方法、结果和结论四个部分，其中会给出具体的研究方法以及所得出的实际结论。这种类型的摘要信息量大，参考价值高，适用于专题类研究论文，400 字左右为宜。

如《20 世纪 80 年代美苏关于艾滋病溯源问题的认知战》一文的摘要为：

> 1980 年艾滋病在美国出现后，艾滋病溯源问题在冷战氛围中迅速被政治化，美苏两国围绕这一问题展开了激烈的认知战。苏联和东欧国家的情报部门采取"积极措施"，以"艾滋病是美国军方制造的生物武器"为核心信息发动对美宣传和政治攻势。这在一定程度上引发了国际上的反美和恐美情绪，影响了美国及其盟国与第三世界国家的关系。里根总统上台后，美国不断强化对苏冷战态势，专门成立了"积极措施工作组"，以应对苏联关于艾滋病起源问题的舆论攻击。最终，苏联"新思维"政策的实施和美苏关系的改善使这场认知战走向终结。艾滋病溯源问题的政治化反映了冷战后期美苏情报战、信息战与冷战进程的互动关系，妨碍了国际公共卫生问题的全球治理。它的终结也表明，只有摒弃病毒溯源问题政治化的思维，跳出意识形态的樊篱，加强国际合作才能遏止病毒蔓延的势头，找到对抗病毒的方法。[①]

摘要中表述了 1980 年艾滋病在美国出现后，在冷战影响下美苏两国将艾滋病溯源问题政治化，并围绕这一问题展开了激烈的认知战。最终，苏联"新思维"政策的实施和美苏关系的改善使这场认知战走向终结。最后得出只有摒弃病毒溯源问题政治化的思维，跳出意识形态的樊篱，加强国际合作才能遏止病毒蔓延的势头，找到对抗病毒的方法的结论。

---

① 郑安光：《20 世纪 80 年代美苏关于艾滋病溯源问题的认知战》，《世界历史》2023 年第 2 期。

如《中日"历史问题"缘起的美国因素——以对日占领体制及思想文化改造为中心》一文的摘要为：

> 中日"历史问题"产生的原因复杂且多样，其中美国负有重大责任。东京审判的不彻底性、战争赔偿的取消以及《旧金山和约》的片面媾和都是美国因素影响的具体表现，但从思想根源上来说有两个方面：第一，美国单独对日占领体制奠定了日本的战后处理框架，即日本与美国之间的战争清算，掩盖了日本战争责任的本质在于侵略中国，造成了日本对中日战争的认识不足。第二，美国在整个对日占领改革的过程中，通过对日本意识形态和价值观体系等思想层面的全面改造，强化了"日本战败于美国"的观念，使日本败给中国的意识愈发淡薄；同时，作为思想文化改造手段之一的言论审查制度，影响了日本知识分子反省中日战争的积极性，限制了这一趋势的发展。[1]

摘要中明确表明中日"历史问题"产生的思想根源主要有两个方面：一是美国单独对日占领体制，掩盖了日本战争责任的本质是侵略中国；二是美国对日占领改革中思想层面的全面改造，强化了"日本战败于美国"的观念，使日本败给中国的意识愈发淡薄。同时，言论审查制度影响了日本知识分子反省中日战争的积极性，限制了这一趋势的发展。

如《明代会试考生应考旅费考察》一文的摘要为：

> 明代会试考生应考旅费是指考生在应考会试往返途中产生的交通、住宿、饮食等必要性支出，随时间和地域的变化而变化。北方、南方、西南地区每名考生参加一次会试的往返旅费至少需要的银两，洪武至天顺时期分别为 6 两、18 两、32 两，成化至万历时期分别为 10 两、28.3 两、86 两，泰昌至崇祯时期分别为 16.5 两、200 两、332 两。各地会试考生应考旅费的增加，意味着区域物价和士人投资会试成本的提高。因三个地区的会试考生规模，洪武至天顺时期分别为 1.8 万余人次、2.9 万余人次、0.4 万余人次，成化至万历时期分别为 6.1 万余人次、8 万余人次、2.8 万余人次，所以三个地区考生相应时期参加一次会试的往返旅费分别需要 11 万余两、52 万余两、12.8 万余两、61 万余两、226 万余两、241 万余两。巨大的会试考生及其应考旅费支出，产生了周期性的市场需求，促进了当时轿夫、车马、水运、旅店、餐饮、造纸等行业的发展。[2]

文章研究的对象是明代会试考生应考旅费。摘要中按照时间顺序，明确告知了明代不同时期会试考生应考旅费的具体数额，是一篇典型的报道性摘要。

---

① 李臻、徐显芬：《中日"历史问题"缘起的美国因素——以对日占领体制及思想文化改造为中心》，《西北师大学报》（社会科学版）2021 年第 2 期。

② 刘明鑫：《明代会试考生应考旅费考察》，《中国史研究》2022 年第 4 期。

如《明清以来的疫病应对与历史省思》一文的摘要为：

明清时期，国家对疫病救疗虽有行动，但缺乏制度上的规定，日渐兴起的民间社会力量发挥了重要的作用。近代以降，国家逐渐建立了现代卫生防疫机制，应对疫病的观念也日渐积极。这些启示我们：第一，国家对救疫在制度上的缺失，既反映了传统国家在统治理念上缺乏对民众生命的真正关怀，同时也是承认自身能力不足的务实之举；第二，利用日渐兴起的民间社会力量，不仅有助于实际的疫病救疗，而且也实现了官民之间的良性互补；第三，现代卫生防疫机制的引建，实际也是国家权力的扩展与深化，虽然意义重大，但需充分重视其限度；第四，应历史和人文地认识传统时期多元的疫病和防疫观念；第五，畅达而有效的信息传递对于瘟疫的防治至关重要。①

摘要中对明清以来的疫病应对的历史省思做了五点总结说明，使读者未阅读原文，就能对文章所述及的内容有较为全面的认识。

二、指示性摘要

指示性摘要即概述或简介性摘要，只是简单地表达原文的论题，或者概括地表述研究的目的。这类摘要一般介绍论文的性质、文章涉及的研究对象、主要的论点、结果和结论等，但不解释具体的内容，只是对对象的一种客观指示，表明有个什么样的东西，但要想了解具体内容，还得看全文。因为摘要仅是使读者对论文的主要内容有一个概括的了解，篇幅150字左右为宜。

指示性摘要一般采用"讨论了……""分析了……""论述了……""指出了……"等概括说明性的语言，并不列出具体的方法、结论等，综述性论文多采用这种摘要。

如《吐蕃考古与吐蕃文明》一文的摘要为：

文章从考古学的视野论述了吐蕃考古与吐蕃文明之间的紧密联系，认为吐蕃考古既是吐蕃史研究的重要组成部分。同时又与传统意义上以文献研究为主体的吐蕃史研究在材料、研究方法、研究视角等方面有所区别，两者可以互为补充、互相借鉴。文章还回顾了吐蕃考古的学术史，对近年来吐蕃考古的新材料所带来的新问题及其研究前景也作了学术展望。②

该摘要是非常典型的指示性摘要，介绍了研究对象是吐蕃考古、吐蕃文明，研究目的是二者之间的关系，并表明了作者的观点，但并没有在摘要中具体说明吐蕃考古

---

① 余新忠：《明清以来的疫病应对与历史省思》，《史学理论研究》2020年第2期。
② 霍巍：《吐蕃考古与吐蕃文明》，《西藏大学学报》（社会科学版）2009年第1期。

与吐蕃文明之间的紧密联系，如果想要了解具体内容，就需要阅读全文。

如《魏晋南北朝儒学的发展》一文的摘要为：

> 20 世纪初形成的魏晋南北朝"儒学衰落"说不能成立。从儒学常识化所代表的社会化程度、古文经学兴盛所代表的经学发展、玄学所代表的儒学前沿讨论和对不同思想理论的兼容并蓄能力等一系列情况来看，魏晋南北朝儒学上承汉代儒学的发展趋势，发扬汉儒基于现实解经阐义的传统，切实拓展了儒学的基础、主干、论域、作用和影响，展现出儒学不断随时代递变而发展的广阔场景。[①]

文章重新审视魏晋南北朝"儒学衰落"说，摘要中从四个方面即儒学常识化、古文经学兴盛、儒学前沿讨论和对不同思想理论的兼容并蓄能力进行指示性的说明，认为 20 世纪初形成的魏晋南北朝"儒学衰落"说不能成立。

如《宋代的财经政策与社会经济》一文的摘要为：

> 宋代的工商税收大大超过农业税，为历代所不及。宋政府以工商税收为主体，善于利用市场关系和商品经济的规律和特点进行经营，积极刺激消费并带有明显功利色彩的财经政策是促成这一现象的主要原因之一。在这一政策主导下，统治者为追逐巨额财利，利用国家权力，调动各种资源，实行专卖制度和征商制度，能动地反作用于商品货币经济发展，扩大市场交换规模，推动当时的商品经济高度发展。宋代的财经政策显示出帝制国家干预经济的独特优势，这也是宋代商品货币经济繁荣有别于其他朝代的特质所在。[②]

文章论述了宋代的财经政策对经济社会的影响。摘要中指示性地说明，宋政府以工商税收为主体，善于利用市场关系和商品经济的规律和特点进行经营，积极刺激消费并带有明显功利色彩的财经政策，导致宋代的工商税收大大超过农业税。

如《史事·视角·解释——走向"南宋"的南宋政治史研究》一文的摘要为：

> 南宋政治史一直是近代以来宋史研究的重要组成部分，日渐受到学界重视，研究成绩斐然。随着时代环境的变化、史家旨趣的转移、方法更新等，其研究内容、观察视角，以及解释话语等随之发生着变化。对南宋政治史研究的发展历程与演变趋势进行"鸟瞰式"回顾，特别是反思如何在研究中揭示"南宋"的特性和时代意义，对寻找今后努力的方向，就显得尤为重要。[③]

文章是对南宋政治史研究若干热点问题的论述与评议。南宋政治史一直是近代以来宋史研究的重要组成部分，日渐受到学界重视。随着时代环境的变化、史家旨趣的

---

① 楼劲：《魏晋南北朝儒学的发展》，《历史研究》2022 年第 3 期。
② 李华瑞：《宋代的财经政策与社会经济》，《中国社会科学》2022 年第 7 期。
③ 何玉红：《史事·视角·解释——走向"南宋"的南宋政治史研究》，《中国史研究动态》2021 年第 4 期。

转移、方法更新等，其研究内容、观察视角，以及解释话语等随之发生着变化。摘要中对这些问题的研究都指示性地做了说明。

如《医学与社会文化之间——百年来清代医疗史研究述评》一文的摘要为：

> 近代中国的医史研究发展至今已近百年，研究者的学科构成和研究取向都经历了重要转变。其研究的不仅是医学理论与技术的演变，还有社会文化的变迁，研究者也不再限于医学内部，而成为以历史学为主的人文社会科学界共同的关注。清代医疗史研究可谓是中国医史研究的一个缩影，多角度审视其流变，便可发现其存在的局限与进展的空间。本文对近百年清代医疗史研究做一概览性的梳理，力图在国际医史研究的脉络中审视其历程、特征以及意义与趋向，认为打通学科壁垒，以跨学科的视野和理念，在医学与社会文化之间发现、思考和解决问题，创建相对独立的医史学科，无论是对医学还是历史学深入发展来说，都将具有重要的意义。[①]

文章对百年来清代医疗史研究取得的成绩进行了梳理，得出的结论是：近代中国的医史研究者的学科构成和研究取向都经历了重要转变。其研究的不仅是医学理论与技术的演变，还有社会文化的变迁，研究者也不再限于医学内部，而拓展至以历史学为主的人文社会科学界。该摘要对研究所取得的成果都做了指示性的说明，但未做详述。

如《乾隆年间新疆垦区油料作物种植研究》一文的摘要为：

> 清朝在乾隆年间统一新疆后开始在各垦区大力推广种植油料作物，种植范围很快遍布天山南北。油料作物的种植与推广，不仅有效解决了当地屯戍官民的生活问题，降低了清朝在新疆的治理成本、提高了边疆治理效率，而且在发展和繁荣当地经济、促进各民族交往交流交融、维护边疆稳定等方面发挥了重要作用。[②]

摘要中指示性地说明了油料作物种植在清代新疆治理中的重要作用，即发展和繁荣当地经济、促进各民族交往交流交融、维护边疆稳定等，但并未提及油料的种类、种植的具体区域、生产方式及产量。

如《柳叶刀尖——西医手术技艺和观念在近代中国的变迁》一文的摘要为：

> 19世纪中叶，西方基督教医学传教士用柳叶刀所象征的手术技艺打开了西医进入中国的大门，展示了以外科方式治愈某些身体病痛的新途径。麻醉术、无菌术等与外科密切相关的知识和技艺传入中国并不断更新，更奠定了西医以

---

① 余新忠、陈思言：《医学与社会文化之间——百年来清代医疗史研究述评》，《华中师范大学学报》（人文社会科学版）2017年第3期。

② 王欣、衡宗亮：《乾隆年间新疆垦区油料作物种植研究》，《中国边疆史地研究》2022年第2期。

外科见长的医学论述基调。在 20 世纪上半叶的中西医论争中，西医手术成为判定中西医优劣、内外科强弱的焦点之一。西医外科超越器物层面，兼容医学各科之发展，其学科界定直指中国传统医学的"落后"医理。中医在反击西医外科优越论的同时，也经历了自我重构的过程。从采生折割的恐怖想象，到西医手术的逐渐采纳，在以医院为代表的新式治疗场域内，恐慌与疼痛的体验并存，充满着医患之间的复杂博弈。西医手术既以刀割技艺疗治国人身体，也逐步形塑了新的医疗理念与身体观念。①

文章研究西医手术技艺和观念在近代中国的变迁，在摘要中指示性地表述了西医手术技艺自 19 世纪中叶进入中国后，中西医在医学认识、医学技艺层面的交流与碰撞，从采生折割的恐怖想象，到对西医手术的逐渐采纳，西医手术既以刀割技艺疗治国人身体，也逐步形塑了新的医疗理念与身体观念。

三、报道指示性摘要

在实际的写作中，纯粹的报道性摘要和纯粹的指示性摘要并不多见，而常见的是二者的结合，即报道指示性摘要。这种摘要兼有报道性摘要与指示性摘要的特点。报道性部分阐述价值最高的内容，报道价值不高的部分做成指示性部分。以 300 字为宜。

如《秦汉以降"大一统"秩序的华夷交融演进》一文的摘要为：

秦汉"中国一统"，首次以单一式的"车同轨，书同文，行同伦"及郡县官僚制管辖编民，将黄河中下游与长江中下游农耕区整合为一体，为汉唐文明的辉煌及辐射周边提供了必要的政治秩序及演进基础。元明清"华夷一统"囊括中土和塞外，形成了华夷多元的复合共同体。先有自元朝肇始的制度、文化、族群复合式的"华夷混一"，继而是明成祖争夺主导权未果及朝野"华夷一统"说辞连篇累牍，最后是清统治者对"华夷"二字讳莫如深却有了较成熟的"华夷一统"之实。前所未有的交融"混一"，激发了吴澄等有识之士对"华夷一统"复合式中国的文化认同。由于元明清"华夷一统"的演进，复合式共同体的中国由"小"变"大"，多民族统一国家、中华文明结构及传统王朝序列等在新时空格局下皆得到了相应的完善升华。②

摘要的前面是报道性部分，说明了秦汉以降"大一统"秩序的演进过程。接下来指示性地提出"大一统"秩序的演进，复合式共同体的中国由"小"变"大"，多民族

---

① 赵婧：《柳叶刀尖——西医手术技艺和观念在近代中国的变迁》，《近代史研究》2020 年第 5 期。
② 李治安：《秦汉以降"大一统"秩序的华夷交融演进》，《中国社会科学》2023 年第 5 期。

统一国家、中华文明结构及传统王朝序列等在新时空格局下皆得到了相应的完善升华。

如《明代茶马例研究》一文的摘要为：

> 自唐宋行"以茶易马法"制羌、戎，明代沿承且制度更为健全，立法更加严密。针对茶马贸易全过程，明朝制定了茶叶征购运输、茶马比价、私茶、通番等一系列茶易马"例"。这些茶马例是甘肃、青海、西藏等西部少数民族与明朝纳马换茶的主要法律规定，不仅从制度上规范、约束和保障着明王朝与西番等边疆民族之间的茶马贸易活动，也是管窥大明王朝边疆治理的一面镜子，鲜明地反映着明代茶马边政之得失。[①]

摘要中既简要交代了明代茶马贸易全过程，指示性地说明了茶马例不仅从制度上规范、约束和保障着明王朝与西番等边疆民族之间的茶马贸易活动，也是管窥大明王朝边疆治理的一面镜子，鲜明地反映着明代茶马边政之得失。

如《汉代丝绸之路的敦煌枢纽》一文的摘要为：

> 汉武帝时代置河西四郡，西域之路得以畅通。悬泉置遗址出土汉简资料，可以说明东西交通干线上敦煌的作用。敦煌在河西交通格局中具有重要地位，敦煌西通西域有玉门关、阳关两条路径，这里又是隔绝南北"羌胡"军事交通的重心，在丝绸之路交通体系中于是具有枢纽的意义。就南行"之蜀"通道的运输组织而言，敦煌汉简资料提供了宝贵的实证。赵充国经营河湟及鲜水地方的交通建设，是以敦煌为策应方位的。敦煌市场较长时段的高度繁荣，体现了汉胡羌多民族共同营造交通便利条件的历史文化作用。敦煌汉简所见来自各国"客"的活跃，也可以看作体现交通文化面貌的现象。敦煌人才群体的跨地域影响，敦煌与"高原丝绸之路"的关联，都可以通过交通史考察予以理解和说明。[②]

摘要中简要述及了敦煌在河西交通格局中具有重要地位，指示性地说明了敦煌市场较长时段的高度繁荣，体现了汉胡羌多民族共同营造交通便利条件的历史文化作用。最后提出了敦煌人才群体的跨地域影响，敦煌与"高原丝绸之路"的关联，都可以通过交通史考察予以理解和说明。

如《拜占庭帝国黑暗时代的人口危机及其治理》一文的摘要为：

> 在拜占庭帝国的黑暗时代，由于瘟疫多次复发和外敌频繁入侵，帝国人口资源在短期内锐减。人口骤减造成拜占庭帝国的商业、手工业和农业全面衰落，从而导致帝国财政严重紧缺，动摇了帝国的经济基础。拜占庭统治者为了实现

① 陈武强：《明代茶马例研究》，《中国社会经济史研究》2022年第2期。
② 王子今：《汉代丝绸之路的敦煌枢纽》，《敦煌研究》2023年第2期。

"衰后复兴"，采取了一系列缓解帝国人口危机的举措。从短期政策来看，拜占庭统治者实施人口迁徙战略，通过重新分配帝国内部人口资源，来优先复苏帝国核心区域的经济和城防；通过迁入外邦人口，争夺人口资源，来增强帝国的军事防御，增加社会劳动力。从长期政策来看，拜占庭统治者鼓励世俗生活，打击修道主义，提升女性和儿童的社会地位，倡导多生多育的社会风气，从而推动人口自然快速增长。这些政策最终解决了人口危机，进而推动拜占庭帝国走向复兴。①

摘要中简述了拜占庭帝国黑暗时代的人口危机，指示性地说明了一系列缓解帝国人口危机的举措，得出了拜占庭帝国采取短期政策和长期政策相互配合，最终解决了人口危机，进而推动拜占庭帝国走向复兴的结论。

◀ 思考题 ▶

1. 摘要与提要有何不同？
2. 摘要的写作要素有哪些？
3. 摘要主要分为哪几种类型？
4. 选读几篇公开发表的史学论文，评析其摘要是否规范。

---

① 庞国庆：《拜占庭帝国黑暗时代的人口危机及其治理》，《世界历史》2022年第6期。

关键词是为便于文献检索，从题名、摘要或正文部分选取出来用以表示论文主题的词或词组。关键词是论文主题的高度概括，能够揭示论文的主要内容，单独标写在摘要之后、正文之前，位置醒目，能鲜明而直观地体现文献论述或表达的主题，使读者在未看摘要和正文之前便能对论文的主题一目了然，从而做出是否要继续阅读正文的判断，可以称为摘要的摘要。在信息技术飞速发展的今天，关键词提供了快速检索文献的途径，成为当前互联网上最主要的检索语言，为学术期刊和文献检索工作所普遍采用，因而有必要对如何规范选取关键词做深入了解。

第一节　关键词选取中常见的错误

在实际的写作中，有很多作者对关键词不够重视或了解不多，致使写作比较随意，所用词语不能准确地反映文章的主要内容，起不到应有的作用。

一、词性的误选

关键词主要选择名词、动名词和名词性词组。冠词、介词、连词、助动词、某些形容词不能用作关键词，形容词只有在它们构成名词性词组时才能用作关键词，动词只有在它们名词化或的确对文献主题具有检索意义时才被选作关键词。

关键词的来源有叙词和自由词两大类。叙词，又称主题词，是从自然语言中精选出来，经过规范化处理以后，能与概念一一对应的受控词汇。其最大的好处是能够排除自然语言中一词多义、多词一义以及词义含糊的现象，能够合理、完整、准确地表达论文的主题。

自由词不在主题词表中，不受主题词表的限制，直接从文章题名、摘要、层次标题或文章内容中挑选出来，能够简练明确地反映文章研究主题，是汉语主题词表中的上位词、下位词、替代词等非正式主题词和词表中找不到的词。

在关键词的选取中应尽可能使用叙词，无法用叙词的情况则要根据文章的内容灵活提取反映主题的自由词。

二、数量失衡

关键词的选取数量为 3～8 个。作者在选取关键词时，应在文献的检全率与检准率之间达到某种平衡，既要把文献定位于某种特定的类别，又要充分揭示文献的主题。

有的作者认为关键词越多越能表达出写作主题，一篇论文提供的关键词有十几个之多。也有的作者认为关键词越精越好，于是只选一两个关键词。

关键词的过多或过少，都会影响论文主题的表达。透过关键词，一般可以看出文章的主题。如果关键词数量太多，提示文献主题就越深入、越详细，但所反映问题的范围也就更为宽泛，不能准确地反映主题内容；如果关键词数量太少，就会难以准确、全面地提示主题内容。

三、关键词遗漏

作者是文章的创作者，在对主题进行分析的基础上，总结出所论述的主要内容，并将其概括为若干个主题概念，然后将主题概念转化为一组"关键词"，这一检索标志便于读者对文章内容进行判断。很多研究者是在标题和摘要中挑选关键词，而有些论文题目并不能反映关键的主题信息，如果仅从其中选择的话就会漏掉最主要的成分。

四、误选关键词

关键词是用来反映文章研究核心主题的词汇，但很多作者在选词不够的情况下，将表示论文研究重点、属性的词语拿来当作关键词，这些词多来源于题目中的最后几个词。最常见的有：

论述、探讨、简介、性质、特色、巨大、价值、问题、方法、启示、意义、研究、分析、影响、措施、对策、现象、差异、原则、理论、一般规律、历史趋势、现实意义、指导思想……

这些词语在任何研究领域、任何问题上都可以使用，缺乏特指，失去了关键词的价值，对检索没有多大意义。

关键词可以选择表示时间的名词，如"秦汉""明代"等具体表述某个时间段的词，可以将文章定义为对这个特定的时间段内某一历史问题的研究。但切忌使用宽泛的时间概念，如：

古代、现代、远古时期、新中国成立后、新时期、历史时期、改革时期、19 世纪、1912 年后……

选取关键词时，对固定的历史称谓，不能再进行拆分。如"十月革命"，就不能再拆分为"十月"和"革命"。类似的还有"七七事变""八一起义""西安事变"等。

第二节　关键词的标引

关键词的标引，就是指从论文的题名、正文等内容中，选取反映全文主题概念的词语，在一篇文章中最好选取 3～8 个关键词，最多不要超过 11 个。关键词的标引方法主要有以下几种。

一、反映文章的主题

主题是文献所具体论述与研究的对象或问题。选取关键词时，首先应界定论文所研究的主要对象。根据文章的中心内容和研究对象，分析文献是单一主题还是多个主题。经过主题分析确定了主题概念后，还要对它做进一步的分解，从中找出最能表达主题内容的针对性强、最具检索意义的词作为主题信息词。特别注意要在主题信息中表达作者的新观点、新方法、新成果，尤其是一些不常为史学工作者所重视的研究对象，尽可能要将其选为关键词。

如《宋代的"公债"》一文的摘要为：

宋代普遍实行官府向民间借贷的"公债"制度，包括朝廷的中央财政和地方官府，以地方官府的例子最多。所借包括钱和粮食、绢等物品。借贷的方式，多属强制性的。史料中未见是否支付利息以及偿还期限的记载，只有偿还的诏令和许愿，以及偿还的方式、名目。"公债"几乎全是因为军费，是筹措军费、缓解财政压力的常用手段，而且带有浓郁的专制色彩。然而并无一定之规，制度化程度较低，受到有识之士的指责。官方借贷于民间出于迫不得已，弊端百出，彰显了官方的财政虚弱和巧取豪夺，揭示了宋朝财政中的一个重要问题。①

通过对标题和摘要的分析可知这篇文章的主题为宋代的公债，因此可以选用"宋代"和"公债"作为关键词。读完摘要，读者可以了解到公债的发行"是筹措军费、缓解财政压力的常用手段，而且带有浓郁的专制色彩"。所以再提取出"军费"和"财政"二词，最后作者选用的关键词为：宋代；公债；军费；财政。

确定了文章的主题之后，顺藤摸瓜，在文章中找出论述较多的与主题相关的内容，提取出次要关键词。与主题相关的信息，可能与主题是影响与被影响的关系，也可能是因果关系，总之与主题词紧紧相连，密不可分。

如《孙中山与中国商民运动》一文的摘要为：

> 商民运动是随着国民党在改组之后开始重视民众运动而逐步开展的，作为国共合作的结晶，孙中山功不可没。随着1920年代民族主义的兴盛，"打倒列强除军阀"统一全国的目标切合民间大众的民族主义情绪，因此得到广大民众的热情支助。五四运动后，在国共两党的推动下，反帝爱国的民族运动兴起，以中小商人为主体的商民积极参加这场革命，为配合北伐战争，完成国民革命，作出重要的贡献。②

文章的主题是中国商民运动，与主题紧密联系的是孙中山对中国商民运动做出的重大贡献。商民运动又是一场民族主义运动。作者所给出的关键词是：孙中山；民族主义；民众运动；商民运动。通过主题词，引申出与之相关的信息，就可以准确地对文章的主要信息做出判断，再结合摘要就能知道文章的大体内容，让读者能够在最短的时间内获得较多的信息。

如题为《明朝安南宦官研究》一文的摘要为：

> 与现代民族国家不同，明朝在政治视野与民族观念上，呈现出独特的传统特征。明前期通过多种方式，选用安南人进入宫廷。经过长期的培养，宣德时期安南人宦官成为明朝最受信任、权势最大的宦官群体，而且形成了彼此借援、互相扶持的政治团体。虽然安南宦官权势颇大，却与外朝士大夫保持了良好而密切的合作，形成了一种政治上的平衡。如果将之与明中后期本土宦官的擅权相比，可以发现明朝任用异域宦官的政治良效。③

文章的主题是明朝安南宦官，可以摘出两个关键词："明朝"和"安南宦官"。与主题相联系的是安南宦官的人际关系及任用安南宦官取得的政治效果，因此析出"安

---

① 程民生：《宋代的"公债"》，《中国史研究》2006年第3期。
② 乔兆红：《孙中山与中国商民运动》，《广东社会科学》2007年第3期。
③ 齐畅：《明朝安南宦官研究》，《中国史研究》2023年第2期。

南朝臣""政治平衡"两个关键词。至此，作者给出的关键词是：明朝；安南宦官；安南朝臣；政治平衡。

在分析主题时还要注意文献中虽有详细论述但无检索价值的内容，如众所周知的知识点和回溯性的内容不应提取为关键词。没有进行的研究、研究对象不具有的性质或作用、被比较的内容也不应提取为关键词。

选择关键词，贵在选全、选准。选全，就是选取的关键词能够覆盖论文的主体内容。一般来说，单主题论文的关键词数量可能少一些，多主题论文则应多些。选准，就是要选择历史专业词汇作为关键词，不宜用口语化和容易产生歧义的词汇。

二、对关键词各条目进行排序

选出一组关键词是基础，选择完成后还应在各条目之间进行一定的排序，以便反映出词与词之间的逻辑关系，更清晰、深入地反映文献主题。因为即使选全、选准了关键词，如果词序颠倒或层次不清，往往会引起逻辑混乱，对准确理解文章造成影响。一般而言，学术论文关键词的标引顺序应为研究目的、研究类别、研究方法和研究结果。因为历史学科的学科特征，很多情况下标引顺序为时间界定（如"唐朝"）、研究对象（如"科举"）、研究结论和其他相关词汇。

如《明代会试考生应考旅费考察》一文的摘要为：

> 明代会试考生应考旅费是指考生在应考会试往返途中产生的交通、住宿、饮食等必要性支出，随时间和地域的变化而变化。北方、南方、西南地区每名考生参加一次会试的往返旅费至少需要的银两，洪武至天顺时期分别为 6 两、18 两、32 两，成化至万历时期分别为 10 两、28.3 两、86 两，泰昌至崇祯时期分别为 16.5 两、200 两、332 两。各地会试考生应考旅费的增加，意味着区域物价和士人投资会试成本的提高。因三个地区的会试考生规模，洪武至天顺时期分别为 1.8 万余人次、2.9 万余人次、0.4 万余人次，成化至万历时期分别为 6.1 万余人次、8 万余人次、2.8 万余人次，所以三个地区考生相应时期参加一次会试的往返旅费分别需要 11 万余两、52 万余两、12.8 万余两，61 万余两、226 万余两、241 万余两。巨大的会试考生及其应考旅费支出，产生了周期性的市场需求，促进了当时轿夫、车马、水运、旅店、餐饮、造纸等行业的发展。[①]

通过文章的标题就可以得知，文章主题是应考旅费，时间是明代，涉及群体是会试

---

① 刘明鑫：《明代会试考生应考旅费考察》，《中国史研究》2022 年第 4 期。

考生。看完摘要，就知道文章论述的是明代会试考生应考旅费的增加对会试成本及相应市场需求与行业发展的影响，可以提取出关键词"影响"。因此，作者给出的关键词是：明代；会试考生；应考旅费；影响。

如《高拱与明穆宗的经筵讲读初探》一文的摘要为：

> 明代著名阁臣高拱，在明穆宗为裕王时，任职裕邸讲官长达八年，隆庆年间成为首辅后，又负责组织和管理穆宗的经筵和日讲活动。穆宗对于经筵讲学的态度则前后不一，在藩邸时显得热心，即帝位后每况愈下。高拱晚年对于儒臣给帝王讲学的问题也有所反思。本文在对穆宗的经筵活动以及高拱晚年对经筵制度的主张的研究基础上指出，穆宗之荒于经筵，其原因除了他耽于酒色的私人生活之外，还有经筵所讲的内容不切实际，讲官的学术和知识能量不足以胜任等方面。高拱因而主张经筵应该增加讲读本朝的祖训和先朝故事，而翰林院出身的讲官，应该先教以治国的实务知识和进讲的技能，才能使之称职地维系皇帝对经筵的信心和兴趣。他主张需要先有好的讲官，才能改变经筵日久失效的情形。①

通过文章的标题就可以得知，文章主题是高拱的经筵讲读活动，与讲读活动紧密联系的人就是明穆宗，经筵讲读活动又是明代帝王的教育活动。因此，作者对关键词的排序是：明穆宗；高拱；经筵讲学；明代帝王教育。这合理地反映出了文献主题，在检索时只要输入其中任何一个与此相关的关键词都能够检索到此篇文章。

第三节　不同类型的文章中关键词写法释例

就历史学而言，不同类型的文章因其所研究的对象不同，关键词的写法也会有所不同。所以分析不同文章的关键词，能够更好地诠释关键词的写法。

一、历史人物类

关于历史人物类文章关键词的写法，所研究的人物应提取为关键词，与其紧密联系的对象也可以用作关键词，同时所研究人物的重要历史贡献以及与该人物息息相关的事件都可以选为关键词。如提到司马迁就会想到《史记》，提到张学良就会想到"西安事变"。这样标引关键词也易于检索，只要检索其中任一关键词，就会搜到这篇文章，既能提高文章的转引率，又能扩大作者的知名度。

---

① 朱鸿林：《高拱与明穆宗的经筵讲读初探》，《中国史研究》2009年第1期。

标　题	关键词	作者	出　处
《蒋介石与一·二八淞沪抗战》	蒋介石；一·二八淞沪抗战；积极抵抗预备交涉；英美调停；局部抗战	陈谦平	《近代史研究》2019 年第 5 期
《康有为早年经学思想演变》	康有为；公羊学；廖平；孔子改制；文明史观	傅　正	《历史研究》2023 年第 3 期
《廉正·敢为·负重：改革家张璁的政治素养》	明世宗；张璁；杨廷和；张居正；嘉靖革新；政治素养	田　澍	《史学集刊》2023 年第 6 期
《明代嘉靖朝的灾异与政治生态演变》	嘉靖朝；灾异；大礼议；君臣关系；道教	陈支平 孟兆鑫	《中国史研究》2022 年第 4 期

二、历史事件类

关于历史事件类文章关键词的写法，所研究的事件应提取为关键词，与所研究对象紧密联系的人物或事件也可以用作关键词。

标　题	关键词	作者	出　处
《17 世纪英国宪政革命的博弈分析》	英国宪政革命；"光荣革命"；英国国王；英国议会；博弈论	程汉大	《南京大学学报》（哲学·人文科学·社会科学）2004 年第 1 期
《"共和行政"历史再解读》	共和行政；共伯和；宗法制；正统观；历史纪年	程平山	《历史研究》2022 年第 4 期
《重审辛亥革命中的南北议和》	辛亥革命；南北妥协；五族共和；国家建构	章永乐	《清史研究》2023 年第 1 期
《九一八事变后日本承认伪满洲国与各方因应》	九一八事变；日本；伪满洲国；国际联盟；国联调查团	马海天 张　生	《史林》2022 年第 2 期

三、政治制度类

政治制度类文章关键词的写法为：首先往往是研究的制度所处的时代，因为制度是一个相对较大的概念，一般要对其所处的时期做一界定。其次是该制度的内容。在制度类研究文章中很少将人名或某一具体事件作为关键词，与某一制度相关的和文章中着重论述的内容也可提取为关键词。

标　题	关键词	作者	出　处
《唐代中央军事决策与军队领导体制论略》	唐代军制；军事决策；军吏行政；军队指挥	张国刚	《南开学报》（哲学社会科学版）2004 年第 1 期

续表

标　题	关　键　词	作　者	出　处
《明代内阁密揭制度考析》	明代；内阁；密揭；中枢结构；行政运转	李小波	《历史研究》2021年第6期
《唐前期散官番上制度考论》	唐代官制；散官；番上；天圣令；"合入官者"	李锦绣	《历史研究》2023年第1期
《从"一体约问"到"有司并问"——明代军民相干词讼的审判机制及其演变》	明代；约问；审判机制	赵克生	《史学集刊》2023年第6期

四、区域史类

区域史类文章关键词的写法为：首先是研究对象所处的时代，把对区域史的研究限定在某一个特定的历史时期；其次是所要研究的某个地区；最后是研究的具体对象以及与研究对象相关的高频词汇。

标　题	关　键　词	作　者	出　处
《哈密卫忠顺王脱脱身世及相关问题考述》	明代；哈密卫；脱脱	胡小鹏	《民族研究》2010年第4期
《明初温州卫的蒙古归附军——以日藏公文纸印本纸背文书为中心》	明代；蒙古；归附军；温州卫；卫所制度	尹敏志	《史林》2023年第6期
《唐朝收抚于阗与西域交通体系的建立及完善》	唐朝；于阗；西域南道；丝绸之路；张彧；玄奘	荣新江	《甘肃社会科学》2023年第1期
《宋交熙宁战争前夕邕州溪峒首领的态度与立场》	北宋；广南西路；交趾；熙宁战争；溪峒首领	黄粲茗	《中国边疆史地研究》2023年第4期

五、经济史类

经济性词汇在经济史类文章的关键词写作中居于主导地位，在标引关键词时要格外注意这一点。同时再结合史学的特点，在关键词中也可以体现某个历史时段和一些重要历史人物。经济史是经济与历史的结合，在写作这类文章的关键词时，既要熟练掌握历史学方面的词汇，又要灵活运用经济学的专业术语，做到对标引主题的全面客观反映。

标　题	关 键 词	作　者	出　处
《隋唐手工业与城市建设之进步》	隋唐；手工业；城市建设	魏明孔	《中国经济史研究》2020 年第 6 期
《宋代的财经政策与社会经济》	宋朝；财经政策；工商税收；刺激消费；功利思想	李华瑞	《中国社会科学》2022 年第 7 期
《明代辽东马市抽分商税研究》	明代；辽东马市；抽分商税；民市商品	刘壮壮	《中国经济史研究》2023 第 6 期
《二战后德国战争赔偿政策的演变及其影响》	第二次世界大战；德国政府；战争赔偿政策；受害者赔偿；犹太人	孙文沛	《世界历史》2023 年第 2 期

六、军事史类

军事史类文章关键词的写法为：首先，军事特色在关键词的写作中居于主导地位，明显的标志是"……战争/事件/事变"。其次是对与战争相关因素的分析，包括战争双方、战争中最显著的标志物、战争最显著的特点。也有些文章虽然以"……战争"为题，文中论述了战争，但战争并不是文章的主题，严格来说并不是军事史的文章。这类文章显著的标志是"……战争前/后……（事件的发展变化）"。其中有些文章把"……战争"提取为关键词，有些文章则没有，主要的标准在于判定战争究竟是对论述的主题起陪衬性作用还是决定性作用。

标　题	关 键 词	作　者	出　处
《全面抗战爆发后中英修筑滇缅公路交涉》	抗日战争；中英交涉；滇缅公路；国际交通线	孙　歌	《抗日战争研究》2023 年第 3 期
《以苏为虑与争取美援：国际视野下蒋介石处理皖南事变的考量》	蒋介石；皖南事变；中苏关系；中美关系	李俊杰	《史学月刊》2023 年第 11 期
《不丹在第二次英国侵藏战争中的角色探析》	英国；西藏；不丹；乌金旺秋	扎　洛	《中国边疆史地研究》2009 年第 4 期
《16 世纪德意志地区的狩猎权问题与农村社会秩序的转型》	德意志诸侯邦国；农村社会秩序；狩猎权；自治公社；农民战争	王　倩	《世界历史》2023 年第 6 期

七、文化史类

文化史类文章关键词的写法与文化史本身的特点紧密联系。文化所表述的范围广泛，不像某个历史事件或人物一样具体，就事论事，而是通过对某一研究对象的分析上升到一个更高的角度看待该问题。因此，在标引这类关键词时不仅要标引所研究的具体对象，还应考虑到其所具有的文化意义。

标　题	关键词	作　者	出　处
《唐代毁墓现象的政治解读》	唐代；毁墓；政治集团；政治斗争	郑旭东	《考古与文物》2023年第1期
《论北魏后太和时代的宗室婚媾与士族化》	北魏；后太和时代；宗室；门阀士族；门第婚；士族化	刘　军	《古代文明》2023年第1期
《从绿松石器看晚商王朝与李家崖文化的关系》	李家崖文化；晚商王朝；绿松石器；社会关系	张昌平	《考古与文物》2024年第2期
《儒家文化与当前全球性挑战的应对》	儒家；"天下"；全球性挑战；"和而不同"；成人之道	安乐哲	《文史哲》2024年第2期

◀ **思考题** ▶

1. 选取关键词应注意哪些问题？

2. 关键词应从哪些方面提取？

3. 选读几篇公开发表的论文，评析其关键词是否规范。

引言又称前言、序言或绪论，是论文的开端，位于文章的开头，其目的是向读者说明研究的缘起、重点和创新之处，重在使读者了解研究的背景，产生继续阅读的兴趣。好的引言应能够简明扼要地引出研究对象，起到提纲挈领的作用。但有些作者并没有注意到这一点，或是过多地介绍与研究对象相关的背景知识，或是加上过多的自我评价，夸大其研究的重要性。因此，在引言中用最少的文字反映最全面的问题，是写作的关键。

第一节　引言写作中存在的主要问题

引言是在分析已有研究不足的基础上提出拟解决的主要问题，旨在表明研究的目的和意义。引言是文章的开头部分，如果有小标题，一般是第一个小标题之前的部分，如果没有小标题，一般是文章开头的前一二段。有些初学者不知道引言部分应该怎样写，经常可以看到的案例就是摘要、引言、结论为相同的语句，只是从不同的角度换一种说法而已。现就引言写作中常见的问题做分析说明。

一、引言缺失

没有引言的文章常见于短篇论文中，在标题之后就直接是层次标题，中间缺少引言部分。这时读者就不明白文章写作的相关背景，论文的结构显得不完整。引言重在引出前人已有的研究成果，抓住前人没有解决的问题，提出作者所要解决的问题（这也就是文章的创新之处），也可以介绍作者的研究思路与主要研究方法。没有引言，读者就不会了解到前人已有的研究成果，文章内容的展开就会显得突兀和生硬，行文因缺乏过渡而不够流畅。有的文章虽有引言，但是引言过于简短，没有交代清楚一些必要的问题，甚至对第一次出现的专有名词都未做任何解释，让读者不知所云。由于没有对文章主题做出必要的说明，引言也就失去了其应有的价值。

二、引言失衡

引言失衡表现为篇幅冗长，洋洋洒洒数千言，并未触及核心问题，内容过于庞杂，把许多本应该放在正文或结论部分的内容放到了引言里。论文写作，最重要的是要明白文章写给谁看。很多作者在写文章的时候过多地介绍专业基础知识，但学术论文并不是科普读物，而是用来进行业内交流的，因此根本没有必要在引言里介绍专业人士所共知的基础知识，这在引言写作中尤其要注意。

三、研究现状缺失

有些选题，明明前人已有很多研究，但作者写作中并没有列出相关的成果，只是就自己的观点展开论述，未能反映作者吸收和利用已有成果以及把握最新学术前沿，读者无法了解作者研究的深度与广度，难以体现出本研究与前人研究的不同和创新之处。研究成果缺失是针对文章的作者没有将研究对象已有的成果展示出来的现象而言的。但如果研究是首创性的，前人很少涉猎或根本没有研究，或即使有所研究但不成系统，可以不在引言中介绍已有成果，但必须在引言中予以说明。

四、评论失当

学术评论贵在客观真实，应避免使用"从未见过报道""前人没有研究过""填补一项学术空白""达到国内外先进水平"等夸大性的词语。学术评论时，切忌夸大研究者或研究成果的价值。

第二节　引言的内容

之所以在引言的写作中出现诸多问题，就是因为作者对引言中究竟要写什么知之不多或知之不详。要明白引言中究竟写什么，首先要明确"为什么要写引言"。引言所要解决的问题，就是"为什么要做这项研究"。要回答这个问题，就要说明作者所做研究的价值，首先指出当前研究中的不足之处，然后在不足中找到自己的切入点，运用适当的方法解决这一问题，再对自己所取得的成果做一说明。具体地说，一篇完整的引言中应包括以下几个方面。

一、研究概述

研究概述包括研究对象的基本特征，前人对这一问题做过哪些工作以及在已有研究中存在的不足，自己的研究是站在一个什么样的起点上，写作本篇论文的目的和理由即希望解决什么问题等。

如《旅汉粤商与晚清汉口茶叶贸易》一文的引言部分对背景知识的陈述为：

1917 年，旅沪粤人甘棠在一次论述中提道："故上海一隅，粤人之聚族而居者，至二十万，且沿扬子江而入，因利成便，遍江流七省之地，散处者又十余万。"他还引用西人伯乐文的演说词作为结语："炎风热瘴之地，溯雪沍寒之区，人迹所至，粤人必到，其冒万死排万难之精气，可以长驾远驭，呼吸宇宙"。[1] 此说虽然不免有文学式的渲染和夸张，但也描绘了近代粤商向国内诸埠拓展的事实。[2] 1861 年前后，先行在上海站稳脚跟的粤商随外国洋行溯江而上，以汉口为中心发展埠际转口贸易，茶叶乃重要商品之一。[3] 既往对晚清以上海、汉口等地的茶商研究，主要以晋商、徽商为中心，对粤商的探讨则迄无专文[4]，这与粤商在两地茶叶贸易发展中的作用与地位很不相符。有鉴于此，本文拟通过地域性商人集团角度，考察包括粤籍买办在内的汉口茶叶广帮的兴起，论述其在晚清汉口茶叶对外贸易中的地位与作用，兼论其对汉口城市近代转型的影响。①

[1] 甘棠：《上海粤人教会之关系》，《上海中华基督教月报》1917 年第 6 期，转引自宋钻友：《广东人在上海（1843—1949 年）》，上海人民出版社 2007 年版，第 1 页。

[2] 本文对近代粤商之定义为：近代祖籍或落籍两粤并自我认同为粤人的商人。

[3] 有关五口通商后粤商自广州到上海的历史，可参见李吉奎：《近代买办群体中的广帮（1845—1912）——以上海地区为中心》，《学术研究》1999 年第 12 期；林辉锋：《广帮与潮帮：晚清旅沪粤商管窥》，《中山大学学报》（社会科学版）2004 年第 5 期；宋钻友：《广东人在上海（1843—1949 年）》，上海人民出版社 2007 年版，第 18—49 页；张晓辉：《近代粤商与社会经济》，广东人民出版社 2014 年版，第 460—465 页等。

---

① 朱英、钟元泽：《旅汉粤商与晚清汉口茶叶贸易》，《江汉论坛》2022 年第 11 期。

[4] 陈慈玉、龚胜生、何业恒均对晚清粤商在两湖地区率先倡制红茶的历史有所涉论，并征引相关调查资料确定了大致时间。参见杜七红：《清代两湖茶业研究的回顾与展望》，《江汉论坛》2006 年第 4 期；陈钧、任放研究张之洞与晚清湖北经济之时，强调了汉口粤商对近代湖北商业贸易地位变迁的重要意义。参见陈钧、任放：《世纪末的兴衰——张之洞与晚清湖北经济》，中国文史出版社 1991 年版，第 166—180 页；杜七红有关清代两湖茶业的研究，强调了汉口粤商和晋商极有地位：作为汉镇最大的两支茶商，晋商主要深入羊楼洞设庄收茶，稍作加工后运往汉口市场脱手，而粤商则主要驻守汉口市场，与洋行做生意。参见杜七红：《清代汉口茶叶市场研究》，载陈锋主编：《明清以来长江流域社会发展史论》，武汉大学出版社 2006 年版；陶德臣认为中国茶叶贸易主要是由为数不多的几大茶叶商帮所操控。其中广东茶叶商帮主要经营茶叶外销，经销的茶以红茶为主，还有武夷山的乌龙茶、江南绿茶。参见陶德臣：《中国茶叶商帮群体产生条件及其异同比较》，《农业考古》2020 年第 5 期；严明清主编：《洞茶与中俄茶叶之路（一）》，湖北人民出版社 2014 年版等。

论文所研究的对象是包括粤籍买办在内的汉口茶叶广帮的兴起，论述其在晚清汉口茶叶对外贸易中的地位与作用，以及对城市转型的影响。作者引用文献概括了研究对象的特征，指出了学界研究的不足，也指出了自己要解决的问题。

如《民国大选期间的总统"草选举"》一文的引言部分对背景知识的陈述为：

"草选举"是现代民主政治的产物，带有模拟选举以窥测民意的性质。在中国传统政治体制下，最高统治者系凭借实力上位或依靠世袭制度登极，选举尚且没有，自然不存在模拟性质的"草选举"。辛亥革命发生后，中国效法西方，建立起近代民主共和政制。在新的政治体制下，不仅各级民意代表须通过选民选出，最高行政领袖的产生也必须经由法定选举程序。在这种情况下，作为民意调查重要组成部分的"草选举"不仅被用作预测"大选"结果，也在一定程度上成为影响或干预"大选"进程与结果的重要手段。

"草选举"译自 straw vote，亦译"假选举"。民国时期的总统"草选举"有可能包含民意之真，而作为"真选举"的大选，虽标榜由"民意代表"（议员）依法定程序进行，却处处透露出不尽符合民意之"假"。其中的真假虚实，错综复杂，极具辨析价值。然而与"草选举"的重要性形成强烈反差，学术界普遍重视可称作"真选举"的大选而忽略"草选举"，不知"草选举"已成"真选举"重要的参照值，更未将"真""草"选举的对比纳入研究范畴，导致民国大选的研究无法深入。本文拟拾遗补阙，对民国时期的总统"草选举"作一全程式回顾，借窥民国总统选举的社会心理基础，希望对民国政治史研究，提供社会学维度的参考。[1]①

　　[1] 目前还未能检索到国内外学术界涉及民国时期总统"草选举"的研究成果。但因本文涉及"真""草"选举比较，故 1923 年与 1948 年两次大选也应纳入学术史调查范畴。就此而言，相关成果还是较多。对 1923 年大选，李新主编的《中华民国史》第 4 卷（1920—1924）（汪朝光著，北京：中华书局，2011年）第 5 章有较充分的讨论。此外，叶利军的《民国北京政府时期选举制度研究》（湖南师范大学博士学位论文，指导教授李育民，答辩时间 2004 年）第四章讨论总统选举制度，内容偏重制度建构，实践层面基本是从曹锟"贿选"这一特定维度展开研究，未对反直宣传与事实真相作辨析。对 1948 年的大选，研究较为全面的有史思威的《南京政府总统副总统选举的历史考察》（吉林大学博士学位论文，指导教授刘会军，答辩时间 2016 年），其他相关论述尚多，恕不赘列。所有这些研究均单纯研究当时的选举和选举制度，未涉及带有预测或试图影响大选性质的总统"草选举"。

在引言中，作者解释了什么叫"草选举"，并指出在辛亥革命后作为民意调查重要组成部分的"草选举"不仅被用来预测"大选"结果，也在一定程度上成为影响或干预"大选"进程与结果的重要手段。在总结前人的研究成果时作者说："学术界普遍重视可称作'真选举'的大选而忽略'草选举'，不知'草选举'已成'真选举'重要的参照值，更未将'真''草'选举的对比纳入研究范畴，导致民国大选的研究无法深入。"接下来作者论述了其写作目的，"对民国时期的总统'草选举'作一全程式回顾，借窥民国总统选举的社会心理基础，希望对民国政治史研究，提供社会学维度的参考"。

　　在论述前人成果时，即使与本研究相关的成果不多，但如果有这方面的成果，也应标出。如《马端临"职役"概念及其意义》一文的引言部分对背景知识的陈述为：

　　　　目前学界对职役概念界定并未统一，老一辈史学家在着眼宋代役法整体研究前提下，往往将宋代差役、吏役和色役都视为职役；[1] 中青年学者则诉诸职役特征来进行界定，或强调职与役不可分割[2]，或概括为"征役以任事"，[3] 或归结为"政府公共职能的提供"[4]，等等。上述对职役的界定存在一个共性问题，即职与役何种程度的结合能被认定为"职役"，对此现有研究缺少要素分析和畛域划定，致使职役概念趋向宽泛和模糊。②

　　　　[1] 聂崇岐：《宋役法述》，《宋史丛考》，北京：中华书局，1980 年，第 1页；漆侠：《关于宋代差役法的几个问题》，《宋史论集》，郑州：中州书画社，

---

①　杨天宏：《民国大选期间的总统"草选举"》，《南开学报》（哲学社会科学版）2021 年第 4 期。

②　吴树国：《马端临"职役"概念及其意义》，《历史研究》2023 年第 2 期。

1983 年，第 6 页；王曾瑜：《宋朝的差役和形势户》，《涓埃编》，保定：河北大学出版社，2008 年，第 421 页。

[2] 刁培俊：《宋朝的乡役与乡村"行政区划"》，《南开学报》2008 年第1 期。

[3] 鲁西奇：《"下县的皇权"：中国古代乡里制度及其实质》，《北京大学学报》2019 年第 4 期。

[4] 黄敏捷：《两宋代役人论析》，《史学月刊》2020 年第 9 期。

在引言中，作者指出学界对职役概念的界定并未统一，回溯了较早研究此问题的聂崇岐、漆侠、王曾瑜等人的观点，接下来提到刁培俊、鲁西奇的成果并对其文章进行了评述，指出了上述研究的不足。这也是此文着力解决的问题，即使职役概念具体化。

需要注意的是，有些问题前人的研究确实已经很多，在引言写作时只能采取简述的方法，用一两句话即把某一问题交代清楚，无需详细论述。如《明代庶吉士群体构成及其特点》一文的引言对背景知识的陈述为：

庶吉士是明代出现的一个仅次于一甲进士的高科名政治和社会群体，其"一入史馆，即与六卿抗礼……二十年间，便可跻卿相清华之选，百职莫敢望也"，[1] 对当时政治和社会产生了广泛而深刻的影响。以往对该群体的研究，主要集中在对其考选、培养和任用制度的探讨上；[2] 而对其构成状况与特点的研究，目前少有成果，[3] 尚处于拓荒阶段。本文即拟对明代庶吉士的类别、选拔频率及比率、分甲、地域、出身和户类等构成状况及其成因与特点等做进一步探讨。①

[1] 谢肇淛：《五杂组》卷 15《事部三》，上海：上海书店出版社，2001 年，第 316 页。

[2] 这方面的研究成果主要有：吴仁安《明清庶吉士制度拾零》（《安徽史学》1984 年第 1 期）、《明清庶吉士制度对比研究》（《社会科学战线》1997 年第2 期）、《明代庶吉士制度述论》（《史林》1997 年第 4 期）；林桦《明代庶吉士制及其在仕进制度中的地位》（《贵州文史丛刊》1990 年第 4 期）；颜广文《明代庶吉士制度考评》（《华南师范大学学报》1993 年第 4 期）；耿清珩《明代庶吉士述略》（《中国史研究》1995 年第 1 期）；董倩《明代庶吉士制度探析》（《社科纵横》1996 年第 4 期）；邹长清《明代庶吉士制度探微》（《广西师范大学学报》1998 年第 2 期）；王尊旺《明代庶吉士考论》（《史学月刊》2006 第 8 期）等文。另，王天有《明代国家机构研究》（北京：北京大学出版社，1992 年，

---

① 郭培贵：《明代庶吉士群体构成及其特点》，《历史研究》2011 年第 6 期。

第 71—72 页），关文发、颜广文《明代政治制度研究》（北京：中国社会科学出版社，1995 年，第 295—311 页）皆有相关论述；吴宣德《中国教育制度通史·明代卷》有《明历届科举考选庶吉士情况表》，胪列明代永乐二年（1404）到万历四十七年（1619）共 51 科庶吉士人数，总计 1 204 人（济南：山东教育出版社，2000 年，第 454—456 页）；郭培贵《明史选举志考论》有《明代历科会试、殿试、庶吉士录取名数表》，考证和统计明代庶吉士至少 1 421 名（北京：中华书局，2006 年，第 400—421 页）。

　　[3] 郭培贵：《明代各科庶吉士数量、姓名、甲第、地理分布及其特点考述》，《文史》2007 年第 1 期。

由于目前学术界对于庶吉士研究的成果很多，作者在写引言时并没有一一道来，而是简要地把前人的成果总结为考选、培养和任用制度等方面，把当前已有的富有代表性的成果列入注释之中，在对前人的成果进行分析之后，提出了目前研究中无人涉猎的方面，即明代庶吉士的类别、选拔频率及比率、分甲、地域、出身和户类等构成状况及其成因与特点，较好地引出了文章的主题。

二、说明研究方法

　　研究方法指在写作文章中所采用的方法，如果是沿用已知的理论、原理和方法，只需要一笔带过或注明所依据的相关文献，如果使用了新的方法、新的概念和术语，则应加以定义或说明。如《汉代丝绸之路河西段的交通格局与民族关系》一文的引言为：

　　　　曾经长期为匈奴全面控制的河西地方，形成西北方向通常所谓丝绸之路的关键路段。这里依托连续的绿洲，北面荒漠，南临祁连，亦称"河西走廊"。处于汉长城西段建构的地方[1]，农耕民族与生活于草原以游牧射猎作为主体经济形式的民族在这一区域通过"关市"交易实现了经济交往与文化融汇。[2] 自霍去病以战争方式解决了匈奴以军事强力占有河西地方的问题之后，汉武帝初置武威郡、酒泉郡，后武威郡分张掖郡，酒泉郡析敦煌郡，成为河西四郡。长城防务体系由此延伸到连接西域的地方。河西走廊在西汉中期以后的外交史、军事史和边疆行政史上的意义益显突出。这一地方的交通格局与民族关系，不仅关系到汉王朝西北经营的得失成败，也明显影响着东亚与中亚的文化交往。同时，也可以说在一定意义上对于世界文化史进步的历程发生作用。①

　　　　[1] 王子今：《秦汉长城与北边交通》，《历史研究》1988 年第 6 期；王子

---

① 王子今：《汉代丝绸之路河西段的交通格局与民族关系》，载《简牍学研究》第 12 辑，甘肃人民出版社，2022。

今：《交通史视角的秦汉长城考察》，《石家庄学院学报》2013年第2期；王子
今：《秦汉长城与丝绸之路》，《光明日报》2018年3月26日第14版。

　　[2] 王子今：《汉代河西长城与西北边地贸易》，中国长城学会编《长城国
际学术研讨会论文集》，吉林人民出版社，1995年；王子今、李禹阶：《汉代北
边的"关市"》，《中国边疆史地研究》2007年第3期。

引言的前半部分介绍的是"河西走廊"背景知识，后半部分则是文章研究的侧重点，
包括"河西走廊"的交通格局与民族关系，以及东亚与中亚之间的文化交往。

　　如《明代法律演变的动态性——以"金妻"例为中心》一文引言部分中表示研
究方法的内容为：

　　本文结合新发现的明代多种孤本条例、事例等法律文献，勾勒明代卫所制
下"金妻"例在行用过程中，因应社会需要而不断变化，试图跳出以往学界局
限于法律文本的讨论，通过对"金妻"例的演变和实施的动态研究，从立法与
行用结合的角度，考察国家、社会与民众围绕"金妻"例进行的互动，揭示其
逐渐进入国家"大法"的演变过程，以此管窥明代"例"在具体行用中变与不
变的关系。①

文章论述的是明代法律演变的动态性，作者选取明代多种孤本条例、事例等法律文
献，试图跳出以往学界局限于法律文本的讨论，通过对"金妻"例的演变和实施的
动态研究，从立法与行用结合的角度，考察国家、社会与民众围绕"金妻"例进行
的互动。

　　有的文章在标题、引言中就已说明了文章所采用的研究方法。如《新疆汉晋时
期古尸人发中多元素 ICP-AES 法的同时测定》一文的引言为：

　　头发是人体微量元素排泄的主要途径之一，具有容易采样、保存时间长、
较稳定等优点，因此以头发作为分析样品可以高效、准确地了解人体微量元素
的含量[1]，是研究古代人类健康状况的主要方法之一。电感耦合等离子发射光
谱仪（ICP-AES）具有灵敏度高、动态范围宽、相对干扰小、可同时测定多种
元素等优点，适于古代人骨及人发中多元素的快速测定，应用广泛[2]。本文利
用 ICP-AES 技术对新疆汉晋时期古尸人发中的 Zn，Ca，Cu，Mg，Fe 和 Mn 6
种元素进行测定，为进一步研究古代人群的健康状况提供了理论数据。②

　　[1] QIN Jun-fa，LI Zeng-xi，LOU Man-teng，et al. Scientific Value and
Medical Application of Hair Element Analysis [J]. Guangdong Trace Elements

　　① 刘正刚、高扬：《明代法律演变的动态性——以"金妻"例为中心》，《历史研究》2020年第4期。
　　② 张全超、王伟、朱泓、金海燕：《新疆汉晋时期古尸人发中多元素 ICP-AES 法的同时测定》，吉林大学学报（理学版）2010年第4期。

Science，2005，12（5）：1-60.（秦俊法，李增禧，楼蔓藤，等. 头发元素分析的科学意义及医学应用价值［J］. 广州微量元素科学，2005，12（5）：1-60.）

　　［2］ZHAO Lan-cai，LU Shou-cheng，LIU Zhi-he. Research of Microelements in Human Hair from Xinjiang Ancient Population［J］. Chinese Journal of Nature，1983，6（4）：318.（赵兰才，卢守成，刘志和. 新疆古尸人发的微量元素分析［J］. 自然杂志，1983，6（4）：318.）

引言的第一段为背景知识，介绍了以头发作为分析样品，可以研究古代人类的健康状况。作者还列举了电感耦合等离子发射光谱仪（ICP-AES）的优点，以及文章采用的研究方法。

三、表明研究价值

　　任何研究都有与前人不同的创新之处和自身潜在的学术价值，但作者在写作时不能过分吹嘘自己文章的价值。表明价值时，在简明扼要的前提下应尽量具体陈述，这样方可引导在这方面有需求的读者仔细阅读文章，也会给读者提供综合把握文章的一个方向。如《明代内阁密揭制度考析》一文在陈述其研究价值时写道：

　　　　目前学界有关密揭制度诸多问题的认识颇不清晰，甚至有不少误区，均有待廓清和修正。如最基础的密揭界定问题，前有研究中存在两种认识误区：一方面，由于被称为"揭帖"的公文类型很多，学者在讨论内阁密揭时，误用了其他揭帖的记载。另一方面，王剑将内阁密揭的特殊性进行延伸，认为明代存在一种类似于清代奏折的秘密公文，并统称其为"密疏"，但文献中的"密疏"涵盖多种公文类型，故其研究对象尚待更严密的界定。王剑认定的所谓"密疏"的诸多特征，多以内阁密揭的材料为证。笔者以为，能否对内阁密揭这类公文有清晰界定，可以有一个文献上的指标：明代有阁臣160余人，超过90人有文集或奏议集传世，其中包含作者阁中奏疏文字的约有60家，能否明确辨识出这些奏疏中哪些属于一般的题奏本章，哪些属于内阁密揭，现有研究显然没有做到这一点。不仅如此，学者对阁臣文集奏议的利用尚极不充分，这对研究内阁密揭而言是一个较大的缺憾。与内阁密揭的界定相关，嘉靖初特赐诸臣银印密疏可否视为密揭？此举是否如其表现得那么特殊？被授予银印密疏之权者基本是阁臣，那么当时内阁密揭是否还存在，二者之间又是什么关系？再如，学者以不发抄为密揭的重要特征，并举万历时期"三王并封"事件中的申时行之事为例，但万历时期密揭传抄并不罕见，这与不发抄之常例矛盾，该如何解释这种现象？这些问题，先行研究中均较少涉及或语焉不详。此外，明人对密揭有过较大争议，实质则出于对内阁地位的认识差异。循着双方立论逻辑，分析其争论焦点与相同前提，或可对内阁在明代政治中的作用有更深的认识，进而有益于更好地界定明代中枢体制。本文拟广泛搜求明代阁臣著述，参以明人议论，澄清上述问题。①

在论述文章的创新之处时，作者先对前人的研究成果做了评述，发现了其中的不足：一为学者在讨论内阁密揭时，误用了其他揭帖的记载；二为认为明代存在一种类似于清代奏折的秘密公文，并统称其为"密疏"，但文献中的"密疏"涵盖多种公文类型，故其研究对象尚待更严密的界定。接下来，作者在前人基础上说明了自己的研究方法，拟广泛搜求明代阁臣著述，参以明人议论，澄清上述问题。

如《中国传统疫病叙事及其现代启示》一文在陈述其研究价值时写道：

> 时至今日，新冠肺炎疫情已经在全球蔓延了近三年之久，对人类的生命、世界的发展造成了难以估量的影响和损害。在如此严重的疫情之下，一些民众不由得将思绪转向了瘟疫的历史，试图了解历史上瘟疫暴发的规模及其实际的情形，期望从中找寻防治的灵感与启迪。中国在长期抗击瘟疫的历史中，不但积累起了较为丰富的历史经验，也留下了众多有关疫病的历史记载。这些记载很大一部分可视为疫病的叙事文本，即对不同时期疫病的发生以及社会应对等故事的叙述。传统时期史书中相对主流且一贯的疫病叙事，蕴含的信息是多元丰富而不断变化的，作为灾疫文化的重要载体，对当下疫情防控具有一定的启示意义。②

作者结合当下正在发生的新冠疫情，从中国传统疫病叙事中寻找应对新冠疫情的现代启示。

如《〈明实录〉庶吉士姓名考误》一文在陈述其研究价值时写道：

> 庶吉士是明代出现的一个从二、三甲进士中选拔出来的新功名群体，层次之高仅次于鼎甲进士，规模大致有 1 400 余人；正统后，成为吏、礼二部正副长官和阁臣的主要来源以及科道官的重要来源，对当时政治与社会产生了广泛而深刻的影响。[1]《明实录》号称明代史料之渊薮，是研究明史的首选文献。1962 年，该书经黄彰健先生全面校勘后影印出版，各朝《实录校勘记》都纠正了其《明实录》中的大量讹误，其功至伟，影响深远；但可惜仍遗留不少讹误，也有虽出"校勘记"而未判断正误者，继续成为今人研究的障碍。本文仅对其中的庶吉士姓名讹误进行考证，以为该领域研究和正在进行的《明实录》整理

---

① 李小波：《明代内阁密揭制度考析》，《历史研究》2021 年第 6 期。
② 余新忠、徐旺：《中国传统疫病叙事及其现代启示》，《生态文明世界》2022 年第 3 期。

提供参考，并就教于方家。①

[1] 郭培贵：《明代庶吉士群体构成及其特点》，《历史研究》2011 年第 6 期，第 118—133 页。

在引言中作者对明代庶吉士状况做了基本介绍，引出考证庶吉士姓名的重要性。作者认为《明实录》是研究明史的首选文献，虽然各朝《实录校勘记》都纠正了其中的大量讹误，但其中仍有部分庶吉士的姓名讹误未校正，对其进行考证可为该领域研究和正在进行的《明实录》整理提供参考。

如《中国早期现代化道路的探索》一文，在陈述其研究价值时写道：

所谓"中国早期现代化"，是指新中国成立前近代中国人争取民族独立和国家富强的努力过程。中国式现代化道路在中国早期现代化道路探索的基础上发展而来。只有从理论和实践相结合的角度，细致分析中国人如何争取实现早期现代化目标的方针、途径和成效，才能深入揭示中国早期现代化探索过程中道路选择与主体转换的重要意义，才能进一步深化对中国式现代化的中国特色、本质要求和重大原则的理解。②

引言中通过对"中国早期现代化"的阐释，论述该文的研究价值是深入揭示中国早期现代化探索过程中道路选择与主体转换的重要意义，进一步深化对中国式现代化的中国特色、本质要求和重大原则的理解。

四、善用谦语

对一些新的、有争议的问题，或是目前研究还不成熟的问题，在引言的末尾可以加上自谦语，这样可以看出作者诚恳的态度。

如《明代军制演进与盛衰之变》一文的引言结尾为：

本文在前人研究基础上，通过剖析员额、编制、军役、军官等方面的变化，[1] 试图揭示军制从军事劳役体制向职业军队演进的趋势，进而重绘明代军力盛衰的轨迹。③

[1] "军役"在部分文献和论著中泛指卫所军籍人丁承担的所有差役，本文仅探讨狭义的军役——充当军士。

如《何谓礼生？礼生何为？——明清礼生的分类考察与职能定位》一文的引言结尾为：

① 郭培贵：《〈明实录〉庶吉士姓名考误》，《明清论丛》2018 年第 2 期。
② 虞和平：《中国早期现代化道路的探索》，《历史研究》2023 年第 2 期。
③ 曹循：《明代军制演进与盛衰之变》，《历史研究》2023 年第 3 期。

　　有鉴于此，笔者拟在时贤研究基础之上，对明清礼生进行分类探讨，希冀对明清礼生的研究能全面一些，更切近历史实情。①

如《明代官籍再探》一文的引言结尾为：

　　明初，朱元璋告谕天下"许各以原报抄籍"，将全国人户分为军、民、匠、灶等籍，并规定人户以籍为定，不许妄变版籍。[1] 明代户籍问题，很早便引起学界的注意与研究，其中对官籍问题也进行了许多有益探讨。[2] 然而，官籍问题十分复杂，研究者对明代官籍的看法各异。因此，本文拟在前人研究的基础上，对明代官籍的含义、属性、来源等问题进行梳理辨析，以期对明代户籍制度的研究有所补益，不当之处，敬祈方家斧正。②

　　[1] ［明］申时行等重修：万历《明会典》卷一九《户部六·户口一》，北京，中华书局，1989年，第129页。

　　[2] 参见高寿仙《关于明朝的籍贯与户籍问题》，《北京联合大学学报》2013年第1期；钱茂伟《国家、科举与社会——以明代为中心的考察》，北京，北京图书馆出版社，2004年，第151—176页；廖英舜《明代官籍进士研究——以天一阁藏明代登科录为主》，硕士学位论文，东吴大学，2010年，第8—26页；郭培贵《中国科举制度通史·明代卷》，上海，上海人民出版社，2015年，第71—85页；王红春《明代进士家状研究》，上海，上海书店出版社，2017年，第73—129页。

如《易生错觉的现存明代起居注》一文的引言结尾为：

　　明代起居注在以前曾长期由于种种原因使读者接触不易，其特殊性在史学界了解得也嫌不够充分，这无疑不利于其作用之充分发挥。有鉴于此，笔者特撰此文，将二、三十年来接触其书得出的一点粗浅认识，与史界朋友交流，并盼得到指教。③

　　谦虚谨慎在任何时候都是必要的，但引言完全没有必要因过分的自谦而落入俗套，或是把论文写作的水平与客观原因联系起来，最常见的是"限于时间和水平""时间仓促，经费有限"等表述。以上论述的各项内容是引言写作中最常见的写作要素，但在具体写作中并不是要求样样俱全，而是根据文章的特点可以侧重于某个或某几个方面，切忌按部就班地套用。在一些水平较高的文章里，可以看出引言写作不拘一格，并无定数，但写作的要素基本俱全。作为初学者，要善于学习，学会在掌握写作要素的基础上灵活运用。

---

① 赵克生：《何谓礼生？礼生何为？——明清礼生的分类考察与职能定位》，《史林》2021年第2期。
② 黄谋军：《明代官籍再探》，《中国史研究》2022年第1期。
③ 南炳文：《易生错觉的现存明代起居注》，《史学史研究》2019年第1期。

第三节 引言的写作要求

好的引言短小精悍，一方面可以使读者对研究的背景有一个大致了解，另一方面还可以使读者花最少的时间了解文章的研究方法与创新之处，并吸引读者进一步去了解文章的内容。所以，在掌握写作内容的基础上还应了解其写作要求。

一、直奔主题

引言的写作要求开门见山，不绕圈子，简明扼要，直奔主题。在写作时起笔就要切题，切忌交代历史学界所共知的背景知识和长篇讲述历史渊源。学术论文的写作不同于科普文章：科普文章面对的大多数读者是初次涉及该领域的人员，因此在写作时涉及的专业面较广，尤其是要将题名所指内容的来龙去脉交代清楚，有必要交代相关的背景知识；而学术论文的读者对象则不一样，大多是已经进入研究领域的同行，其阅读文章的目的是把握最新的研究成果与学术前沿，故没有必要过多陈述背景知识。引言写作要求语言简洁精练，用语准确，省略不必要的介词、副词等，删除反复使用或模棱两可的饰语。

如《揭帖：明代舆论的政治互通与官民互动》一文的引言为：

> 揭帖，约滥觞于宋代，仅指财政报告，并非正式上行文书。苏辙《栾城集》谓："诸路收到助役钱……候岁终除支外，尚有宽剩钱数，令封桩户房置簿，候诸路逐年申到数目揭贴"，"若欲岁知其数，宜令提刑司申上户部右曹置籍揭贴"。[1] 元承宋制，揭帖仍是财政报告，其名虽不多见，但几近正式，并图帐并用，"其出纳也，务为均平，收支之数，有所勘会，止从本司揭帖图帐申报，无烦文也"。[2] 至明，君主专制统治臻至顶峰，揭帖使用渐广，其内容、形态、传播始有变化，相关制度也更加完善，功能更加广泛，特色更加鲜明。于此，迄今论者尚少，既有研究多是对明代揭帖的内涵梳理或表象描述。[3] 有鉴于此，兹以舆论传播的研究视角，深入考察明代揭帖的生成境域与形式内容、传达渠道与舆论反响、信息沟通与君臣关系、政治功能与历史局限等重要问题，以期彰显揭帖及其运作在明代公文制度、政治决策、国家治理中的独特价值和鲜明特色。①
>
> [1]（宋）苏辙：《栾城集》卷四五《论衙前及诸役人不便割子》，上海古籍出版社 1987 年版，第 985—986 页。

---

① 展龙：《揭帖：明代舆论的政治互通与官民互动》，《史学集刊》2018 年第 3 期。

[2]（元）虞集：《道园学古录》卷八《京畿都漕运使善政记》，文渊阁《四库全书》本，台北商务印书馆影印本，1986年，第1207册第134页。

[3]庄练：《谈内阁大库档案中的揭帖》，《历史月刊（创刊号）》，1988年第1期；张哲郎：《明代的揭帖》，《"国立"政治大学历史学报》，1988年第6期；赵彦昌：《明清揭帖考》，《山西档案》，2007年第2期；王珏：《明代的重要档案：揭帖》，《兰台世界》，2010年第21期。

在引言中，作者直入主题，对从宋到明揭帖的演变做了介绍，突显其地位的重要性。到了明朝，揭帖使用渐广，其内容、形态、传播有所变化，相关制度也更加完善，功能更加广泛，特色更加鲜明，以往学术界对这一现象重视不够，多是对其进行内涵梳理或表象描述。因此，文章的写作起点就是深入考察明代揭帖的生成境域与形式内容、传达渠道与舆论反响、信息沟通与君臣关系、政治功能与历史局限等重要问题，以期彰显揭帖及其运作在明代公文制度、政治决策、国家治理中的独特价值和鲜明特色。

如《释"平水"》一文的引言为：

> "平水"一称，正史中仅可找到几条零星记载，其设置年代、沿革、职掌以及社会作用等，均不甚明了。但在敦煌遗书中却留下了不少相关资料，敦煌悬泉汉简、吐鲁番文书中亦有少许记载。本文拟对"平水"做一系统的考释，以就教于学界。①

引言中直言"平水"的研究现状，本文创新之处在于根据敦煌遗书、敦煌悬泉汉简、吐鲁番文书对"平水"做考释。

如《清官修〈明史〉一个极其重大的失误——该书〈沙哈鲁传〉所载其国子虚乌有》一文的引言为：

> 张廷玉等撰《明史》卷三三二记有"沙哈鲁"一国（这里的"一国"也可理解为一个地区性政权，下同），其称："沙哈鲁，在阿速西海岛中。永乐中遣七十七人来贡，日给酒馔、果饵，异于他国。其地，山川环抱，饶畜产，人性朴直，耻斗好佛。王及臣僚处城中，庶人悉处城外。海产奇物，西域贾人以轻直市之，其国人不能识。"[1]此段话字数不多，但对所谓"沙哈鲁"国之地理位置、山川形势、经济状况、国民居住状况、风俗信仰、与明朝的关系等皆有明确的叙述，活灵活现，似乎在明朝永乐时期确有其国，实则不然。②

[1]《明史》卷三三二《西域四》，中华书局1974年版，第8621页。

---

① 李并成：《释"平水"》，《西北师大学报》（社会科学版）2020年第3期。

② 南炳文、张磊：《清官修〈明史〉一个极其重大的失误——该书〈沙哈鲁传〉所载其国子虚乌有》，《史学集刊》2022年第3期。

引言中，作者先引用《明史》对"沙哈鲁"一国的描述，然后简明扼要地指出明朝永乐时期该国并不存在。

如《明代文官复姓制度与运行实态》一文的引言为：

明朝代元而起，为重建新的社会秩序，太祖君臣对礼乐制度，进行了符合儒家理想的改造和体系化。[1] 内容涉及社会生活的诸多方面，其中一项重要内容，即是推出复姓政策，为改姓者恢复本姓提供法制动力。刘崧曾言："皇明受命，礼乐制度焕然，尽涤累世之弊陋而一新之。乃颁令禁无子立异姓者，而凡冒姓者许复其本宗。"[2] 这一政策为臣民返本归宗、践履孝道提供了法制动力，复姓之事因而不断涌现。复姓者既有文臣武将、生员伍卒，也有平民百姓，尚有净身宦官。[3] 对于臣民复姓，官方采取身份差别原则：一般平民可自行复姓；拥有官方身份的官员、生员以及在宫廷、藩邸服务的宦官等，皆需"请于官"，获准后才能复姓。一般平民复姓和士人阶层间的差别，我们已在有关探讨中揭明。[4] 本文拟围绕明代具体时段的复姓政策与文官复姓事实，对文官复姓制度与运行情况予以探讨。有关明代文官复姓问题，除美国学者戴思哲（Joseph Dennis）《明代大学士李本为什么退休后改姓吕——吕府与吕家史》[5] 一文外，尚未见其他专门研究，故撰此文，祈请方家指正。①

[1] 高寿仙《洪武时期的社会教育与移风易俗》（中国明史学会编：《明史研究》第 6 辑，合肥，黄山书社，1999 年）、葛兆光《"唐宋"抑或"宋明"——文化史和思想史研究视域变化的意义》（《历史研究》2004 年第 1 期）、张佳《别华夷与正名分：明初的日常杂礼规范》（《复旦学报》2012 年第 3 期）对此皆有论析。

[2] ［明］刘崧：《槎翁文集》卷一四《书孙氏复姓文后》，《四库全书存目丛书》集部，第 24 册，济南，齐鲁书社影印本，1997 年，第 556 页。

[3] ［明］俞汝楫等编：《礼部志稿》卷七五《宗藩备考》"内使复姓"条，记有嘉靖二十八年、二十九年、三十四年宦官复姓事。（文渊阁《四库全书》，台北，台湾商务印书馆影印本，1986 年，第 598 册，第 301—302 页。）

[4] 参见汪维真、牛建强《明代士人复姓现象及其文化意涵》，《历史研究》2014 年第 6 期。

[5] 南开大学中国社会史研究中心编：《中国社会历史评论》第 10 卷，天津，天津古籍出版社，2009 年，第 57—64 页。按，据明代史籍记载，李本祖姓吕，"国初定籍"时，"以声讹为李，遂姓李。至隆庆三年，始疏复姓吕"。（［明］雷礼辑：《国朝列卿纪》卷一三《殿阁大学士行实》"吕本"，《续修四库全书》，上海，上海古籍出版社影印本，2002 年，第 522 册，第 249 页。）即视

① 汪维真、牛建强：《明代文官复姓制度与运行实态》，《中国史研究》2017 年第 1 期。

李本由"李"复"吕"为正常的复姓行为。戴文则提出新说，认为李本"改姓吕"别有用心，是出于与吕光洵谋划合并两家以创造强大宗族组织的需要。鉴于明代史籍较为一致的说法以及吕本复姓疏的内容，我们仍将其视作一般复姓的性质。

在引言中，作者首先说明复姓政策产生的背景，然后指出复姓政策的适用群体以及所需程序。最后，作者直言本文的研究对象为学界鲜有论及的复姓制度中的文官群体。

二、篇幅适宜

引言在论文中起"引导"作用，在于引出文章的主题，并不需在引言中进行长篇论述。对引言篇幅虽然没有硬性的规定，但一般控制在300—500字左右为宜，如果论文不是长篇论述，引言最好不要超过1 000字，因为引言过长，就会显得头重脚轻，突出不了文章正文所论述的重点内容。

如《明代历史叙事中的中琉关系与钓鱼岛》一文的引言为：

从历史上看，有关钓鱼岛及其附属岛屿的文献，迄今所见始于明代。[1] 明朝自肇建伊始，就遭遇来自海洋的挑战——倭寇侵扰问题。由于海上倭寇侵扰的存在，明代关于海洋的记述数量之多，范围之广，远超过以往任何朝代。在这一时期，无论是国家叙事还是民间叙事，对于海洋的记忆和认知，都达到了前所未有的丰富程度，标志着中国海洋史进入一个新的历史阶段。有明一代近300年间，其海洋政策受日本海上侵扰问题影响甚大。明初做出的重要抉择之一是与琉球王国建交，钓鱼岛的地位奠定与之密不可分，这是我们研究钓鱼岛问题的逻辑起点，也是确立钓鱼岛中国归属问题的基本时间段。现今中琉官私文书并存，国家叙事与民间叙事互证，形成了钓鱼岛归属于中国的完整证据链。①

[1] 钓鱼岛发现和命名在明代以前，历史久远，但迄今所见文献记载始自明代。中琉航路的开辟在明代，明代是中琉正式建交时期，也是官方为民间发现、命名和使用的钓鱼岛正名的时期。明初官方中琉航路的开通具有特殊意义，正如古代张骞通西域，名为"凿空"，实际上此前中西早有交往通道存在，张骞通西域彰显的是官方开辟的意义。

如《"大一统之在我朝"：清朝对"大一统"的继承与实践》一文的引言为：

作为制度文明的"大一统"思想是中华文明的核心内容，对多民族国家中国的形成与发展起到了决定性指导作用。清代是多民族国家中国从传统王朝国

① 万明：《明代历史叙事中的中琉关系与钓鱼岛》，《历史研究》2016年第3期。

家迈入近现代主权国家的重要时期，尽管有关清朝多民族国家历史的探讨已经取得了丰硕成果，但有些问题依然值得进一步深入探讨，清朝对"大一统"思想的继承与实践即是其中之一。以下试图在以往研究的基础上就清朝对传统"大一统"思想的继承和发展及其实践再做讨论。①

如《明清时期大运河沿线地域商帮的活动》一文的引言部分为：

> 明代至清中期，大运河沿线是最为重要的经济带，是全国商品生产和商品流通的晴雨表。大运河成为全国最为重要的南北物货大通道，而根本不是如今有人所说的"民间商船是不能使用运河的"。[1] 在这南北物货大通道上，全国各地地域商帮如徽商、山陕商人、闽粤商人、江浙商人、江西商人等极为活跃，从事食盐、棉布、丝绸、粮食、木材和书籍等大宗商品，以及矿产、颜料、皮毛、果木等土特产品的经营活动。各地商帮在运河沿线的商业活动，内容繁复，多姿多色，从而营造出丰富璀璨的地域文化，构筑成大运河文化的绚丽篇章。②
>
> ［1］葛剑雄：《中国历史地理中的运河》，《江苏地方志》2021 年第 4 期，第 32 页。

如《明代"海上丝绸之路"发展模式的历史反思》一文的引言为：

> 明代是中国封建社会晚期发展的重要转折时期，也是世界历史发生突变的重要时期。15—17 世纪是西方所谓的"大航海时代"，把世界的东方和西方更为直接地碰撞联系在一起，从而形成了真正意义上的"世界史"国际性格局。而在中国，传统的大一统中央集权体制进一步得到延续和强化；与此同时，社会经济的进步更多地体现在商品经济和市场经济的发展层面上。面对西方商人与殖民主义者的东来，古老的中国政治体制与民间社会，被迫衍生出相应的对应之道。这些对应之道，构成了明代"海上丝绸之路"的主要发展模式。我们今天重新思索明代"海上丝绸之路"主要发展模式的历程，对于"一带一路"建设，具有一定的借鉴意义。③

三、表达规范

引言的写作不同于摘要，在介绍论文时，为了论述的方便可以使用第一人称，

---

① 李大龙：《"大一统之在我朝"：清朝对"大一统"的继承与实践》，《云南师范大学学报》（哲学社会科学版）2023 年第 5 期。
② 范金民：《明清时期大运河沿线地域商帮的活动》，《经济社会史评论》2023 年第 3 期。
③ 陈支平：《明代"海上丝绸之路"发展模式的历史反思》，《中国史研究》2019 年第 1 期。

如"本文""笔者""我们""本研究""本所"等词语，但一般不用"我"这种主观性太强的词。在介绍之前的成果时可用第一人称，也可用第三人称，直接署自己的名字。

如《唐代上书、献策与选举制度的关系考察——以时政与选举为中心》一文的引言为：

> 唐代国家选举有科举、门荫、军功、干吏、方技等多种途径，士人入仕不拘一格。[1] 上书、献策拜官是介于制举和吏部科目选之间的一种选举方式，或称为"上书拜官"。唐人封演《封氏闻见记·制科》云："国朝于常举取人之外，又有制科，搜扬拔擢，名目甚众……常举外，复有通五经、一史，及进献文章，并上著述之辈，或付本司，或付中书考试，亦同制举。"[2] 显然，封演献文章、著述拜官与常举和制举等同起来，作为一种独立的入仕和迁转途径。有关制举、常举的研究已经非常深入，恕不多言，但目前学界对唐代上书、献策拜官的性质，及其与制举的差别不甚清晰，甚至对上书拜官与上书言事、献策之间的差别了解得不是很明确，对其在选举和国家政务决策中的作用与地位更是认识不足。虽然徐松《登科记考》已有收录上书拜官的情况[3]，但没有引起学术界的足够重视[4]，急需进一步明确这一问题。本文拟探讨唐代上书、献策拜官与时政的关系，分析其与唐代选举制度的关系，并对其在唐代选举制度中所扮演的角色展开深入解析，以求教于方家。①
>
> [1] 详见宁欣：《唐代选官研究》，台北：文津出版社，1995年，第3页。
>
> [2] 封演撰，赵贞信校注：《封氏闻见记校注》卷三《制科》，北京：中华书局，2005年，第18—19页。
>
> [3] 徐松撰，赵守俨点校：《登科记考》，北京：中华书局，1984年。
>
> [4] 如王佺：《唐人投匦与献书行为中的干谒现象研究》，《云梦学刊》2006年第1期；戴显群：《唐代投匦制度述论》，《福建师范大学学报（哲学社会科学版）》2005年第1期；左汉林：《论唐代的献诗》，《唐都学刊》2007年第1期；等等。

如《从"一体约问"到"有司并问"——明代军民相干词讼的审判机制及其演变》的论文，在介绍已有的成果时写道：

> 元朝的约会制度是互不统属的不同户计成员之间发生诉讼纠纷，由各自主管部门相约、共同审断的司法制度。明承元制，沿用诸色户计，人以役分，役皆永充，军、民等人户归属不同的管辖系统，因此，明代军民相干案件，即军、

---

① 金滢坤：《唐代上书、献策与选举制度的关系考察——以时政与选举为中心》，《厦门大学学报》（哲学社会科学版）2023年第5期。

民相犯而发生的诉讼纠纷，其审理也就深受元朝影响，同样实行约会，故明人说："律曰约会，谓民与军讼也。"[1] 由于《大明律》在"军民约会词讼"条下，针对军民相干案件，使用的是"约问"一词，本文以下即以"约问"统一指称。关于元朝"约会"制度，中日学者已有丰硕的研究成果。[2] 而明代"约问"一直以来都是军户和卫所研究中的附属问题，基本上从卫所衰败与卫所民化（地方化）、明代崇武卑文风气变化之后文武地位的变动，以及督抚和巡按的遍设从而引起地方官对卫所司法权的侵夺等方面展开讨论。[3] 这些讨论达成了趋于一致的看法：明中期之后约问制度名存实亡，军民相干词讼的审理基本由府州县负责。应该说，这些讨论对进一步探讨明代军民相干词讼的审断机制及其演变有相当的启发，揭示了军户和卫所等对约问制度的重要影响。但对约问的制度逻辑、制度与社会的互动关系缺乏系统的关注，对约问制度在有明一代的嬗变也没有进行总结。因而，本文拟在时贤研究的基础上，重新审视约问制度在明代的运作和演变，并对卫所司法权"地方化"等问题做出新的解释。①

[1]（明）尹畊：《塞语》，《四库全书存目丛书》本，子部第 31 册，齐鲁书社 1995 年版，第 68—69 页。

[2] 中国学者的研究成果主要有：陈高华：《元朝的审判机构和审判程序》，《陈高华文集》，上海辞书出版社 2005 年版，第 108—156 页；赵文坦：《元朝的狱讼管辖与约会制度》，南开大学历史系《中国史论集》编辑组：《中国史论集》，天津古籍出版社 1994 年版，第 242—255 页；杨德华、胡兴东：《元代"约会"制度初探》，《云南师范大学学报》（哲学社会科学版），1999 年第 5 期；胡兴东：《元代民事审判制度研究》，《民族研究》，2003 年第 1 期。日本学者的研究成果主要有：有高巌：「元代の司法制度——特に約會制に就いて」、『史潮』第 6 卷第 1 號、1936 年；森田憲司：「約會の現場」、『元代知識人と地域社會』、東京：汲古書院、2004 年、136—165 頁。

[3] 代表性成果有于志嘉：《从〈營辞〉看明末直豫晋交界地区的卫所军户与军民词讼》，《"中研院"历史语言研究所集刊》第 75 本第 4 分，2004 年；张金奎：《明代卫所军户研究》，线装书局 2007 年版；郭红：《军亦吾之民：明末判例判牍中的卫所司法地方化》，《中华文史论丛》，2021 年第 3 期。

这样的安排，可以详细地说明已有的成果，解决了在正文中因引用别人著述过多而使引言部分主题不突出以及篇幅冗长的问题。

在陈述研究背景时，如介绍相关结论时，可以使用第三人称来写作，一般用相应参考文献作者的姓名做句子的主语，有时可以用泛指意义词如"前辈""前人"等

① 赵克生：《从"一体约问"到"有司并问"——明代军民相干词讼的审判机制及其演变》，《史学集刊》2023 年第 6 期。

做主语。如《南朝的台传机构》一文的引言为：

> 有关"台传"的记载很少，也仅见于南朝史籍。唐长孺先生曾撰文指出，此中的台指尚书台，台传即是中央政府在各地设立的传舍；并以《梁书·张齐传》为例，说明这种台传是具有贸利性质的机构[1]。此后彭神保先生专门讨论了南朝的台传问题，认为除商业的职责外，到了南朝后期，台传实际上成了中央控制地方财政的机构[2]。有关台传的商业职能，前辈学者论列已详，无需再述。笔者关心的问题是：台传是在什么形势下产生的，其主要职责是什么，其间又发生了何种变化？本文试图就上述问题提出一点粗浅看法。①
>
> [1]《南朝的屯、邸、别墅及山泽占领》，《历史研究》1954 年第 3 期；后收入《山居存稿》，中华书局 1989 年版，第 9 页。唐先生先是指出"台"即尚书台，后又称其为中央机构；是因为自东汉之后，尚书台已成为全国的最高政务机构，"台"的涵义也由尚书台的简称，转变成了中央机构的代称。
>
> [2] 彭神保. 南朝的台传 [J]. 复旦大学学报，1982，（3）.

如《西苑与明嘉靖朝政治》一文在介绍他人的成果时写道：

> 明代的西苑，是指皇城之内西苑门一线与西安门之间的广大区域。其间除布列众多的内府监局之外，主体为皇家苑囿，较之清代仅以三海区域为西苑，范围要大得多。自永乐时起，明廷在这片区域即不断地有营建活动，高峰期则当属嘉靖朝。西苑在明代政治中的地位，自北京紫禁城建成后，也以嘉靖朝最高。自嘉靖中期世宗移居西苑至其去世的近三十年间，这里是明帝国的政治中心。西苑因此受到不同学科背景的学者的关注。目前研究成果最多的，是其布局复原和营建过程。先后有单士元、徐苹芳、周维权等学者为此努力[1]，他们完成的详略不等的西苑复原图，为直观认识西苑奠定了坚实的基础。嘉靖帝的道教活动对西苑意象的塑造以及对当时物质文化的影响，近年也有宗教史学者探讨[2]。对于此期明廷高层政治，学者熟知的是阁臣与武臣、佞幸道士的相结与利用以及阁辅之间的倾轧等内容，以世宗移居西苑为常识，对于日常政治的运行，尤其是如何在西苑这个新的地理空间内展开殊少关注[3]。而当我们将目光转移至此，会发现以下问题随之而来：随着核心决策层活动场所的变动，内外廷沟通的具体路线又会怎样变化？现有的西苑复原图是否足以将此一一落实？西苑入直人员的构成，是否使此期的政治核心层出现与其他时期不同的特征？阁臣入直西苑后，直庐与内阁之间关系如何？弄清楚这些问题，对深化嘉靖中后期中枢政治、西苑地理及二者关系的认识，当不无助益。其实稍加细究，关于世宗移居西苑的时间、"壬寅宫变"发生地的传统认识即非无可修正。这是西

---

① 张荣强：《南朝的台传机构》，《北京师范大学学报》（社会科学版）2009 年第 6 期。

苑地位提升的起点，本文就从这个问题谈起。①

　　[1] 参见单士元著，单嘉玖、李燮平整理：《明北京宫苑图考》，北京：紫禁城出版社 2007 年版，第 34—49 页；侯仁之主编：《北京历史地图集·政区城市卷》之《明皇城》，北京：文津出版社 2013 年版，第 62—63 页；周维权：《中国古典园林史》，北京：清华大学出版社 1999 年版，第 265 页。

　　[2] 尹翠琪："营造不朽之地：明世宗的西苑"（Maggie C. K. Wan, "Building an Immortal Land：The Ming Jiajing Emperor's West Park"），《亚洲专刊》（Asia Major）第 22 卷第 2 期，2009 年；尹翠琪：《西苑洞天：嘉靖御用瓷器的道教纹饰》，黎淑仪编：《机暇明道：怀海堂藏明代中晚期官窑瓷器》，香港：香港中文大学文物馆 2012 年版，第 42—52 页。

　　[3] 嘉靖朝政治史的论著都会关注世宗移居西苑问题，恕不一一列举。专门以西苑为题的论文有，大石隆夫："明代嘉靖朝与西苑再建"（"明代嘉靖朝の西苑再建"），《人文论究》（人文論究）53（3），2003 年；萧意茹：《明代西苑研究》（硕士学位论文），台湾师范大学 2011 年。大石之文主要关注移居前的西苑召对等活动，萧氏是以有明一代为对象，有专门篇幅讨论世宗在西苑的宗教与政治活动（第 180—217 页），不过在入直与召对之外也未能给予更多观察。

总之，引言的写作要兼顾短小精悍与内容丰富的统一，既要肯定前人研究的成就，又要指出前人研究的不足；一方面要突出研究的重要意义，另一方面也要不夸大地评论。

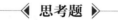

◆ 思考题 ▶

1. 引言的内容应包括哪些？
2. 引言的写作要求有哪些？
3. 选读几篇公开发表的论文，分析其引言是否规范。

_____

① 李小波：《西苑与明嘉靖朝政治》，《史学月刊》2022 年第 2 期。

第六章
正文的写作

根据《学术论文编写规则》（GB/T 7713.2—2022）规定，引言、正文、结论、致谢、参考文献部分构成论文的主体。如果说引言部分是提出问题，正文部分则是分析和解决问题，是作者创新性的具体体现，是论文最核心的部分，在整篇文章中占的篇幅应该最长，起着阐明作者观点和主张的作用。正文部分的质量决定着整篇论文的质量和价值。

第一节　正文写作的原则

不同作者所选择的研究对象和研究方法的不同、研究结果的各异，决定了论文正文的写作没有统一的规定，史学论文的写作就是在掌握了大量史料的基础上运用科学的研究方法提出、分析和解决问题的过程。换言之，研究者只有通过论文（或专著）写作，才能表达自己的所思所想。史学论文写作一般遵循以下几个原则。

一、求真务实

史学是一门求实的学问，须言之有理，持之有据，任何观点的形成都要建立在翔实可靠的史料的基础上，作者必须具有求真务实的态度。

首先，必须占有大量真实、可靠的史料。广泛而深入地搜集与论文相关的一切资料是写作的前提和基础，作者只有占有了大量与研究对象相关的资料并充分了解目前已有的研究成果，才能站在更高的平台上来看问题。尤其是"e考据①时代"，没有完全掌握信息或掌握的信息不全面，就会影响视角和结论。但是占有大量的信息并不等于掌握了真实可靠的资料，由于受客观条件和主观认识的限制，文献资料和前人的结论会存在认识上的片面性，这就要求作者在掌握资料后，不能随便拿来就用，而是要对已占有的资料进行深入细致的整理、分析，去粗取精，去伪存真，选择那些真实、可靠的资料，为写作做好准备。有一些学生搜集史料的方法是从别人的文章中照搬，不假思索地加以利用，可能所引文章的作者自身因为疏漏而就已犯有误标书名、卷数、标点符号和内容的错误，如果不复核原文就拿来使用，会使文章出现不必要的"硬伤"，论文的质量也会大打折扣。只有建立在真实材料的基础上，才能得出可靠的结论，才能经得起时间的考验与实践的检验。史学论文要求研究者以客观的态度来分析解决问题，切忌在撰写论文时根据个人的感情好恶、主观臆断或带有偏见地选择史料，否则就会得出违背事实的结论和看法。

其次，观点的确立要客观。文章的观点是作者对其所要研究对象的总体认识，如果能客观地揭示研究对象，文章就有价值；如果歪曲地反映事物，研究则毫无意义。文章的观点是在对材料的分析、研究中产生的。而有的同学在写论文的过程中往往是先入为主地提出某种观点，在头脑中已经固化了对某一事物的认识，然后再根据自己的观点去选择相应的材料，固有的思维模式影响了对所研究问题形成正确的观点。这就要求作者对所掌握的材料加以仔细鉴别，弄清材料本身是否客观，材料所反映的现象是某个历史时期的个别现象，还是一种普遍现象；是事物发展的主流，还是支流；是客观如实地反映事物的真相，还是歪曲反映事物的假象。只有经过仔细的鉴别，弄清事物的本来面目，形成真实可靠的论据，才可作为文章论证的材料。

一般来说，掌握的史料越全面，从中得出的认识也就越具有说服力。但是，史学论文中的论点并不是简单地就某一事件谈某一事件，就某一问题论某一问题，最终得出泛泛的结论，而是对具体史料进行理论概括，进一步分析、判断，找到事件背后所蕴含着的本质的东西，并从中得出规律性的认识。有很多的初学者经常会遇到这样一种情况：自己经过认真的准备，终于形成了某种认识，但后来却发现在某个专家的论著里已有该种观点，并且比自己的认识更高明，作为初学者在遇到这种情形后就会产生自己已无法继续研究下去的想法。遇到这种情况，要么改换研究题目，要么另辟蹊径，改变研究角度，从不同的视角看问题，从而得出不同的认识。在观点的形成中必须做到的一点就是从史料的真实性出发，实事求是地形成自己的观点。

---

① e考据，就是充分利用电子资源进行考据的方法。e考据是台湾清华大学历史所黄一农教授在2005年首先提出的，这被视为"足以使文史专业领域迎来一个学术黄金期"的有效路径。

二、规范写作

由于自身的逻辑结构要求和进行学术交流、文献检索的需要，学术论文有着极强的规范性，在标题序号、数字的使用甚至标点符号等方面都有着严格的要求。

（一）准确使用层次标题序号

为使文章的结构更合理、层次更分明，大多数文章中都设置了小标题，即层次标题。这些标题都是文章的有机组成部分，而序号又是层次标题的有机组成部分。在设置标题的时候，必须正确使用标题序号。

史学论文的层次标题，建议使用中华人民共和国国家质量监督检验检疫总局、中国国家标准化管理委员会 2012 年 6 月 29 日修订发布、2012 年 7 月 1 日起施行的《党政机关公文格式》的规定：结构层次序数，第一层为"一、"，第二层为"（一）"，第三层为"1."，第四层为"（1）"。这种确定层次标题的方法已被大多数期刊采用。

需要注意的是：其一，各级标题退二格，第一级标题可居中；其二，第一级标题序号后用的是顿号，第三级序号后面用实心黑点（英文状态下的句号）；其三，第二、四级标题序号用圆括号，不能用半括号表示，括号外不用标点也不用空格；其四，序号按标题级次顺序采用；其五，文章段内需要用层次表述，可采用"①②③④"序号，其序号后不用标点；段内如用"第一""第二""第三"或"首先""其次""再次"表述，在其后加逗号。建议不采用半个括号序号，如 1）等，也不采用外文字母做层次序号。

（二）准确使用标点符号

很多同学认为标点符号的使用无关紧要，常常不太注意标点符号的正确用法。如有的同学文章整段一"逗"到底，分不清是一个句子还是一个完整的段落；有的同学在表述两层并列的意思时，也随意使用逗号。2011 年 12 月，中华人民共和国国家质量监督检验检疫总局、中国国家标准化管理委员会发布《标点符号用法》，该标准参考了国内外标点符号用法的文献，广泛吸取了语文学界、新闻界、出版界、教育界的意见，对汉语书面语常用的标点符号用法进行了规范和说明，目的在于使人们正确掌握标点符号的用法，以准确表达文意，推动汉语语言的规范化。本书将其置于附录部分，对于大学生而言，依照标准学习使用不会有太大的困难，在写作过程中应加以参考，仔细斟酌如何使用标点符号，写完文章后通读多次，检查标点符号是否正确。

在史学论文写作中，困扰学生最多的标点使用问题是出现双引号并加注释时，标点符号究竟放在什么位置合适，常见的有三种类型：

第一种：他说："……"①，……

第二种：他说："……。"②……

第三种：他说："……"③。……

第一种引用在原文中不一定是完整的话，在此与上下文不能联合表达完整的意思，还需要继续说明。以《宋代救荒中的检田制度》一文某段论述为例：

宋孝宗曾一针见血的指出"检放之弊，惟在于后时而失实，"[21]卷127 所谓"后时而失实"之弊的第一个表现，即官府以种种借口不检查民户诉灾后在田间留下的根槎，使民户失去放税的根据："又早田收割日久，检踏后时，致有无根查者，乃是州郡差官迟缓之罪，而检官反谓人户违法，不为检定。其有检定申到者，州郡亦不为蠲放，就中下户所放不多，尤被其害。访闻本路州县亦有似此去处"[6]卷13延和奏札三 "（朱）熹询访见得本府诸县检放，委有不实去处，但今田土多是已种二麦，及为饥民采取凫茈，锄掘殆遍，无复禾稻根查，可见荒熟分数，"[6]卷21乞赈粜赈济合行五事状 "近来官吏不曾考究令文，但据传闻，云诉旱至八月三十日断限，遂至九月方检早田。则非惟田中无稼之可观，至于根查亦不复可得而见矣。于是将旱损早田，一切不复检踏蠲放。穷民受苦，无所告诉，而其狡猾有钱赂吏者，则乘此暗昧以熟为荒，瞒官作弊，皆不可得而稽考，去岁本路诸州大率皆然。"[6]卷17奏救荒画一事件状①

此段论述中的四个注释中，第一、三两个注释则属于第一种注释加标点情况。

第二种引用在原文中是一句完整的话，在此与上下文联合起来表达完整的意思。以《族群互动与"南北朝"现象：一个体制问题的政治学思考》一文某段论述为例：

马基雅维里说过："军队却喜欢具有尚武精神的、残暴贪婪的君主。"[1] 铁腕君主将得到军人阶层的拥戴，反过来说，军人集团能够塑造铁腕君主。罗素也认为："战争对于王权的加强一定起过很大的作用，因为战争显然需要统一的指挥。"[2] 梁启超先生这样论述中国史："专制权稍薄弱，则有分裂，有分裂则有力征，有力征则有兼并，兼并多一次，则专制权高一度，愈积愈进。"[3] 由此，中国史教科书还形成了一个叙述模式：在王朝初年通设"专制主义的强化"一节。"马上天下""征伐"形式的改朝换代，看上去是集权体制的一种自我更新机制。即便在现代世界，军人政府往往也都是独裁政府。战国以来集权制的迅猛发展，赵鼎新先生把它归结为战争，归结为"战争驱动型冲突"，其结果是"由战争而催生的军事权力、意识形态权力和经济权力的发展最终均为国家所控制"。[4] 赵鼎新是政治学者，所以其思辨与本文类似，即，在政治、文化、经济

---

① 李华瑞、陈朝阳：《宋代救荒中的检田制度》，《安徽师范大学学报》（人文社会科学版）2011年第5期。

各种因素的错综关系中，寻找一个关键机制，寻找一个"链式反应"的触发点。高度"军国一体化"的秦国最终完成统一，由此展示出了军事、战争的塑造体制的强大能力。①

此段论述中的［1］、［2］、［3］所引引文则属于第二种注释加标点方法。

第三种引用在原文中不是一句完整的话，句末可能是其他非结束性标点如逗号等，在此与上下文联合起来表达一个完整的意思。以《宋代的上供正赋》一文中某段论述为例：

> 宋代转运司号称漕司，"专以移用本路上供钱物为事"[42]。"旧例，应州县上供及军粮钱帛等，并令漕司计置纲运，转差使臣团纲起发……"[43] 例如北宋东南六路 600 万石漕粮的上供，就是由六路转运司负责团纲输送到真州，再由江淮发运司输送上京。所以转运司建造漕舟的任务十分繁重。当然转运司职在督责，团纲上供的具体事务，仍需由州军经办。例如漕粮上供，"州委通判，不拘界分，拣选充换堪好者装发"[44]。其他钱帛等轻赍，则多由州军直接负责输送。个别僻远地区的上供财赋及"畸零数少"者，也需由转运司负责团纲转输。例如广西路上供钱物即"自远州用小船般运至桂州后，合成纲运，逐次别差纲官舟船人丁"，转输起发[45]。南宋情况有所变化，"州县纲运，漕司既不任责，转输之职，趣办州县"[43]。这是当时转运司地位削弱的一个表现。②

此段论述中的［42］、［43］、［44］则属于第三种注释加标点情况。

（三）准确使用数字

在论文写作中，主要用汉字数字和阿拉伯数字表示数字。具体可参照《出版物上数字用法》（GB/T 15835—2011），不再明显倾向于使用阿拉伯数字。在遵循"得体原则"和"局部体例一致原则"的基础上，进一步明确了具体操作规范。同时，遇有特殊的情形，可以灵活变通，但应力求保持相对统一。

就历史学科而言，在论文的写作中使用汉字数字的地方相对于其他学科较多，具体有：第一，夏历和中国清代以前的历史纪年用汉字。如八月十五、洪武元年（1368 年）、康熙二年（1663 年）。第二，一些用时间表示的固定词组用汉字，如"七七事变""八一南昌起义""九一八事变""十月革命"等。第三，一些用数字作为词素构成定型的词、词组、习惯用语、缩略用语或具有修辞色彩的语句，如一心一意、三令五申、七上八下、十全十美、九牛二虎之力、一江春水向东流等。第四，

---

① 阎步克：《族群互动与"南北朝"现象：一个体制问题的政治学思考》，《思想战线》2018 年第 3 期。
② 包伟民：《宋代的上供正赋》，《浙江大学学报》（人文社会科学版）2001 年第 1 期。

表示星期几时一律用汉字，如星期三。第五，不是出现在科学计量和具体统计意义的数字中的一位数可以用汉字，如五本书、六个人、三套方案等。相邻的两个数字并列连用表示概数时，要用汉字，两个数字之间也不用顿号隔开。如七八里、六七家、五百余人等。第六，党的代表大会用汉字，如中共十一届三中全会、中共一大等。

其他情况下则一般用阿拉伯数字表示：第一，表示公元纪年、民国纪年、日本年号纪年、世纪、生卒年等时用阿拉伯数字。如 1937 年 7 月 7 日、民国 26 年（1937 年）、昭和 8 年（1933 年）、公元前 6 世纪、20 世纪 90 年代、毛泽东（1893—1976）等。第二，表示数量时用数字，如死亡人数达 7 000 人、山高 800 多米。第三，计数与计量时也用阿拉伯数字，包括整数、分数、小数、百分比、约数等。

三、严格使用学术语言

语言是作者表述文章内容的载体，其表达效果直接影响论文的表现力和感染力，甚至关系着文章的质量。作者的写作能力、文章的质量只能通过语言来体现。论文的写作过程要按照内容的要求，熟练地使用学术语言。一篇高质量的论文，不仅要求史料搜集充分、观点鲜明，而且在表达观点和材料的语言方面也必须符合论文语言规范。但在实际的写作中，由于部分学生没有熟练掌握史学论文语言的特点，因而在语言方面经常出现诸多问题。

（一）语言表达的基本要求

史学论文根据其研究对象的不同而各具特点，但对语言表达的要求却是共同的，即准确、精练、庄重、质朴，在可能的范围内生动的表达也会使文章大放异彩。

1. 语言要准确

准确就是要求所用的词语能客观地反映事物的本来面貌，准确而又灵活地描述变化过程，恰如其分地表达作者的思想感情，既能体现学术的严谨性，又能显示自己的文采。这就要求作者对所用词的词义能够做到准确定位、精准把握，尤其是要注意辨析近义词、同义词在含义和用法上的细微区别，认真推敲每一个词的意思，选择最恰当的词。如"诞辰"和"华诞"两个词，都可以表示生日，但两个词的对象和使用语境有别。"诞辰"多用于所尊敬的人、伟人，着重强调个人的出生时间，多用于已故人士，如"毛泽东同志诞辰一百周年"。"华诞"则是敬辞，多用于机构或国家的纪念日，如"庆祝中华人民共和国七十五周年华诞"。

最富有变化的是表示"死"的词。恩格斯在悼念马克思时说："3 月 14 日下午两点三刻，当代最伟大的思想家停止思想了。让他一个人留在房里还不到两分钟，等我们再进去的时候，便发现他在安乐椅上安静地睡着了——但已经是永远地睡着了。"唐弢悼念高尔基又是这样写："1936 年 6 月 18 日，世界大文豪，新社会的创造和拥护者，出身于劳动阶级的作家马克辛·高尔基，在莫斯科逝世了。"马克思是共产主义学说的创始人，又是恩格斯的朋友，所以恩格斯选用了含蓄委婉又符合死者特点的词语："停止思想""睡着了"。唐弢则选用富有庄重色彩的褒义词"逝世"，表达了对死者的尊敬、热爱和深切的悼念。"死"的近义词有许多，有的富有口语色彩，其中一些含有褒义，带有惋惜之情，例如：老了、走了、光荣了、去见马克思了；一些含有贬义，带有憎恶之情，例如：断气、完蛋、见阎王。有的富有书面色彩，也有褒贬之分，含褒义的有：逝世、去世、谢世、长逝、仙逝、永别、殉职、殉国、牺牲等；含贬义的有：毙命、丧命、暴卒等。有的语词只能用在皇帝、诸侯身上，如：薨、崩、驾崩、宾天等；有的只能用在僧人、道士身上，如：升天、涅槃、坐化、圆寂等。可见，在论文的写作过程中，在没有搞清词义之前，不要轻易下笔，力求通过查阅工具书，将每个不确定的词弄清含义，做到准确表达。

2. 语言要精练

史学论文要求用最简洁朴实的语言，尽可能准确地传达所要表述的信息，做到"文约而事丰，言简而意赅"。论文价值的大小并不是靠篇幅的长短来衡量的，根据所要论述对象的要求，该长则长，该短则短，在能准确、全面、深刻地表达自己观点和认识的基础上，能精练则精练。

在实际写作中，经常发现一些学生使用语言不够精练、啰里啰唆，这是作者自己对内容的理解不深所致。要使语言精练，最重要的是培养自己的分析认识能力，能够抓住问题的症结，表明自己的观点时干净利落、旗帜鲜明，而无需先讲一大段无关紧要的内容，再拐弯抹角地提出问题，"千呼万唤始出来，犹抱琵琶半遮面"的方法在论文写作中是要不得的。精练的语言是千锤百炼地修改出来的，在语义表述清楚的情况下，能少说一句就少说一句，能少用一个字就少用一个字。同样的内容，用较少的词语表述出来就会使文章显得更为精练。如"秦始皇建立了中国历史上第一个封建制的统一的王朝，在王朝实行专制主义制度"，就可以用"秦始皇建立了第一个专制主义中央集权的国家"来概括。要使语言精练，就要求对文章中表意重复的语句或内容进行筛选，删除多余的词句，无需在那些已被学界共知的历史事件或背景知识上过多地浪费笔墨。

3. 语言要朴实

历史研究是严肃认真的，在史学论文写作时真正要把语言的庄重与平实熔于一炉，朴实无华，讲求确切无误、平易质朴的修辞效果，论文切忌言不符实或言过其实。语言庄重，应使用直言义，少用婉言义，不用不实之词。在句式方面少用或不用具有描绘性的语言，多采用平实得体的语句，只有明白畅晓的语言才具有自然美、纯真美，才能展现语言的庄重美。

语言的刻板乏味或者轻浮流俗，都是不善于表达的表现。史学论文要做到庄重朴实，一是用语书面化，规范使用词语，不能使用口语化的语句或随意遣词造句。史学论文强调的是理性的分析而不是感性的渲染，所以应尽量避免使用感情色彩过于强烈的词语。二是要减少不必要的套话，语言表达要尽可能与实际工作结合起来，去华饰而存质朴，求实求真。三是要尽可能地尊重历史学专业用语习惯和专业审美标准，尽量避免使用其他行业的习惯用语和专业术语。

（二）语言使用问题

文白不分。最常见的错误就是文白不分，有些学生在叙述时半文半白，使读者不能明白究竟是作者自己的话，还是引用的史料，读起来非常困难。深究其原因，是作者未将史料理解吃透，难以用自己的语言简明扼要地表述出来。

过度引用。作为史学论文，恰当地引用史料和前人的研究成果是必要的，但也有部分学生引用别人的成果超过了自己的论述，大段大段地摘录、引用别人的结论，给读者的印象就是作者不像在写论文表述自己的思想，更像在罗列前人已有的成果，这样的文章是前人成果的大杂烩或大拼盘。

表述口语化。有部分学生在写论文时的语言完全口语化。学术论文有自己的特殊表达方式，必须做到用语准确、逻辑严密、寓意深刻。在日常生活中，口头语言没有严格的要求，只要交流双方能够明白对方的意思即可，但在论文中过多使用口语化的语言就显得极不严肃，让读者感到不严谨、不庄重。当然，这也不是要求在写论文时故作高深，说一些晦涩难懂和莫名其妙的话。论文语言强调的是语言的规范和准确，不能模棱两可，更不能随心所欲。

第二节　正文结构的编排

就一篇文章而言，一般引言部分通过交代背景引出论点，接下来在正文部分将提出的问题加以详细的分析论证，提出作者的见解，最后在结论部分总结性地予以进一步说明。正文部分是文章的核心部分，内容丰富、信息量大。如果没有合理安排，仅仅是一堆杂乱堆积的材料，则与一盘散沙无异。只有合理地安排好论文的结构，才能使文章有骨架，然后按照需要加入论述的内容，文章便有血有肉。

一、正文结构编排的原则

（一）重点突出

一篇论文就是在研究一个问题，这个问题就是文章的"中心"。在正文结构的安排上，一定要紧紧围绕这个中心展开讨论，突出重点。更多的时候，作者可能在写论文之前已经掌握了关于某一问题的大量材料，在写作时，为了彰显其研究的深度，有些人把大量与主题相关但对主题的论述并无多大意义的材料单独列为一部分论述。作为初学者，在论述某一事件时，往往过多地把背景知识单独列为一部分论述。如在论述甲午战争对中国社会的影响时，本应按照战争对中国政治、经济、军事、文化、社会等各个方面的影响分别进行讨论，但有的学生却把甲午战争的过程和结果作为一个大的部分展开论述，纯属多余。

文章结构的安排是为论证中心问题服务的，材料的取舍也应从中心论点出发，对与中心论点关系不大的材料，要毫不犹豫地舍弃，因为材料是为主题服务的，只有放弃了与主题无关的材料，才能突显中心。

（二）逻辑严密

逻辑严密就是指在论文中正文与标题、正文各部分之间、各大小论点之间的观点是统一的，都统一于文章的中心论点。一篇好的文章，应该重点突出、思路清晰、布局合理、逻辑严密，在论文中无任何自相矛盾的地方。在评价性的文章中出现的逻辑错误，最常见的是第一部分对该事物持肯定的意见，第二部分则对该事物持否定的意见，第三部分则是一些中性的评价或结语。作者在文中并未明确说明是持肯定还是否定的看法，含糊其词的表达方式让读者云里雾里，不明白作者究竟持何种态度。在结构的安排上，作者一定要根据所持观点，合理地安排各个部分并旗帜鲜明地表达自己的观点，避免文章出现逻辑错误。

逻辑错误的一个表现便是所使用的材料与所论述的论点之间联系不紧密，甚至相互矛盾。文章的每个部分都是由观点和材料组成的，写好文章的关键点是材料与论点的有机结合，以观点统率材料，以材料证明观点。经常出现的错误便是所使用的材料与论点并没有多大关系，甚至相左；或是断章取义，歪曲使用材料以论证其观点。出现这种情况的原因是，作者并没有熟练把握材料所反映的本质，仅仅凭主观臆断来解读材料。为了避免此类错误的发生，在使用材料前一定要仔细理解其反映的问题，再根据所要证明的观点来安排，即把所有的材料分别划归到各个小论点之下，把材料与观点有机地结合起来，为论述文章的中心论点服务。

（三）篇幅适宜

好的文章不仅要材料真实、观点新颖、重点突出、逻辑严密，而且在表现形式上应该有美感，即各个部分篇幅长短大致相当，看起来结构匀称、比例协调，而不是某个部分内容过于庞杂而显得臃肿，而另一部分又仅仅是数百字的简要论述，让人觉得头重脚轻，搭配不合理。以一篇6 000字的论文为例，一般可以做这样的结构安排：引言部分500字左右，正文部分5 000字左右，结语部分500字左右。正文部分可酌情分为 3 或 4 个部分，每个部分字数控制在 1 500 字左右。同时注意从全局出发，考虑每一个部分在论文中所占的地位和作用，再根据其地位调整各部分篇幅的长短，对于重点内容加以详细论述，文字上可适当地比其他部分略多。详略得当，更能突显文章的重点。有了这样的字数分配，就便于安排每个部分所要表述的内容和分配资料，确保文章结论合理。

二、正文结构的类型

根据所要表述的内容，论文的结构多种多样。最常见的结构形式是并列式、递进式和混合式。这是在长期的写作实践中逐渐形成的论证结构，符合大多数人的阅读习惯和认知习惯。在文章的写作过程中根据自己所要论述的主题选择适合于自己论文内容的结构形式，不仅便于读者阅读，而且便于作者组织材料，表达观点，能够达到事半功倍的效果。

（一）并列式结构

并列式结构，又称平行结构或横向结构，是指正文中各个部分横向展开论述，彼此之间没有主从关系，都是从不同的角度、不同的侧面展开论述，各个部分齐头并进，多管齐下。这是各个部分在顺序上无先后次序、彼此之间影响不大的情况下采用的一种层次安排形式。在并列式结构中，每个部分都是一个小的论点，是从不同的角度、不同的侧面围绕中心论点展开论证，各个论点在逻辑上是并列关系，对重点内容可以详加论述。这种行文结构条理清晰，能够使读者对所要论述的事物一目了然，并且对文章的重点能够较好地把握。

如《西汉敦煌郡酿酒业研究》① 一文，根据悬泉汉简，对西汉敦煌郡酒的酿造、销售和交流方面的内容做了探讨，文章分为三部分：第一部分为"西汉敦煌郡酒的用途与饮酒风气"；第二部分为"西汉敦煌郡酒的酿造和贸易"；第三部分为"西汉敦煌郡酒肆与酒的交流"。文章各部分之间为并列结构，层次清楚，不用细读文章就已经了解全文的主旨。

如《陆游的"乡村世界"》② 一文，根据南宋著名诗人陆游的诗作，对陆游所感知的南宋时期的乡村社会进行了观察、分析。第一部分为"居处"，"居处"又分为"聚落""乡都""邻里"；第二部分为"生计"，"生计"又分为"屋舍""田产""麦作""饮食""家计"；第三部分为"市场"，分为"乡市""市船""交易"；第四部分为"角色"。文章四部分之间为并列结构，四部分下面所包含的内容也是并列结

---

① 郑炳林：《西汉敦煌郡酿酒业研究》，《敦煌研究》2023 年第 5 期。
② 包伟民：《陆游的"乡村世界"》，《武汉大学学报》（哲学社会科学版）2020 年第 1 期。

构，层次非常清楚，不用细读文章就已经了解全文的主旨。

如《宋代的财经政策与社会经济》① 一文，指出统治者为追逐巨额财利，利用国家权力，调动各种资源，实行专卖制度和征商制度，能动地反作用于商品货币经济发展，扩大市场交换规模，推动当时的商品经济高度发展。宋代的财经政策显示出帝制国家干预经济的独特优势，这也是宋代商品货币经济繁荣有别于其他朝代的特质所在。第一部分为以工商税收为主的财经政策，第二部分为攫取专卖利润的最大化，第三部分为积极鼓励消费的财经政策，第四部分为功利思想对宋代财经政策的影响。文章各部分之间为并列结构，层次清楚，不用细读文章就已经了解全文的主旨。作为一篇综述性文章，所要论述内容庞杂、材料繁多通过作者合理安排结构，整篇文章显得井然有序，读者也能够迅速找出自己感兴趣的内容。

（二）递进式结构

递进式结构又称推进式结构或纵向结构，在这种结构中，各个部分之间是层层深入或层层递进的关系。对需要论证的问题，采取一层深于一层的形式安排结构，使得各个部分之间呈现出层层递进、步步深入的关系，中心论点因此得到更加深刻透彻的论证。在这种结构的文章中，各部分次序不可随意颠倒，否则就会使文章显得逻辑混乱、层次不清。这种论证方式的特点犹如顺藤摸瓜，认识由浅及深，各个部分之间紧密衔接，共同为所要论述的中心论点服务。

如《宋代的文官掌军制度及其效应》② 一文，在结构安排方式上分为四大部分。各部分内容如下："一、宋初管控军队的理路及宗旨""二、宋代文官掌军制度的形成与推行""三、宋代文官掌军制度的主要效应""四、从世界文明进程看宋代文官掌军制度早熟的意义"。该文章以时间为主线，各个部分层层递进。该文章按照制度发展的脉络，先是论述了春秋以来至宋以前掌军的经验教训、宋初统治者掌军的思路，紧接着再论述宋真宗、宋仁宗朝文官掌军制度的发展，之后总结了文官掌军制度的效应及意义。

如《天顺时期政治群体的制衡与宫廷政治变迁》③ 一文，在结构安排方式上分为三大部分，第一部分"'夺门之变'与天顺初年宫廷政治变局"，第二部分"天顺时期'夺门集团'形成、专权与革除"，第三部分"曹氏叛乱平灭与天顺宫廷政局渐趋平稳"。文章以时间顺序阐明了天顺一朝各种政治势力的起伏以及其背后的复杂关系。

如《美国政治文化史研究的兴起和发展》④ 一文，研究的是政治文化史的领域

① 李华瑞：《宋代的财经政策与社会经济》，《中国社会科学》2022 年第 7 期。
② 陈峰：《宋代的文官掌军制度及其效应》，《中国社会科学》2022 年第 7 期。
③ 赵现海：《天顺时期政治群体的制衡与宫廷政治变迁》，载《明史研究论丛》第 14 辑，中国社会科学出版社，2015。
④ 李剑鸣：《美国政治文化史研究的兴起和发展》，《历史研究》2020 年第 2 期。

与路径。从"政治文化"概念的引入，在多学科推动下，对政治史进行研究改造，推动发展出政治文化史的领域与路径，再到相关研究方法论以及发展趋向的探讨。文章就根据这个转变发展过程安排结构：第一部分为"政治文化史在美国的兴起"，主要论述政治文化史在美国的"文化转向"、政治学、新社会史的影响和与政治史的区分中发展起来。第二部分是"美国政治文化史研究的方法论"，从政治文化的地位和作用、非理性因素的意义、因果模式的利弊、语境的重要性和"个体谬误"的陷阱等方面开拓了理解和阐释的途径。第三部分为"美国政治文化史的发展趋向"，从精英政治文化研究、大众政治文化研究、政治亚文化研究、新文化史视野中的政治文化、跨国史视野中的政治文化及作为方法的"政治文化"等六个方面加以拓展研究，指出了新的研究发展趋向。这样文章以时间为顺序，以事物发展趋势为线索划分各个部分，完整详细地揭示了其所论述的对象，并从中总结出利弊得失，对中国学者推进政治文化史研究具有一定的借鉴意义。

（三）混合式结构

混合式结构又称纵横交叉结构或并列递进复合式结构。有些文章往往涉及许多事物，每一事物又涉及很多方面，所要论述的各个部分之间关系复杂。当不能仅用一种单一的结构完整表达时，就需要把并列式结构和递进式结构结合起来，形成一种混合的复合式结构。最常见的形式是总体上为并列结构，而在某个或某几个部分中又是递进结构；或者总体上是递进结构，而在某个或某几个部分中又是并列结构。也有可能是前几个部分是并列结构，后面几个部分是递进结构。在不同的部分之间采用不同的叙述方式，使得各个部分能够采用最佳的表述形式，使丰富庞杂的材料得以有机结合，增加了文章论述的深度和广度。但这种安排结构的方式比较复杂，对于初学者而言相对难掌握一些。

如《嬴秦非戎族新考》①一文的结构安排方式为：第一部分回顾了关于嬴秦族属问题的相关研究，包括秦人族属问题也是族源问题的定性，并结合具体的几种观点，形成一种并列结构。第二部分辩证分析论述了嬴秦非戎族，具体从秦杂戎俗但非戎族、秦以"中国"自称、周与六国认同秦为华族等三个方面进行分析，这几个方面之间也为并列关系。第一部分与第二部分之间也是从回顾相关问题到分析新的观点，形成递进并列关系，在前两部分的基础上，通过第三部分秦非戎族的考古学观察与第四部分嬴秦为华族的人类学观察，以并列式结构从考古学和人类学两个方面对嬴秦非戎族的观点进行论证分析；最终说明秦人源起东方，与西北的羌戎等并非同一族群。第一、二部分与第三、四部分之间从文章整体结构上看是递进关系。在文章中作者使用层次标题说明各个部分的逻辑关系，整篇文章显得条理清楚，逻

---

① 雍际春：《嬴秦非戎族新考》，《中国史研究》2022 年第 2 期。

辑严密，论证有力。

如《中国近代金融史研究对象刍议》[①] 一文，对中国近代金融史的研究对象这一学科基本问题进行探索研究。文章第一部分为"经济史视野下的近代金融"，用并列结构分别介绍了几本中国近代经济史专著的情况，强调中国近代金融史研究对象的思考既离不开经济史的视野，也需要通过其他相关的学科视野来拓展深化，并由此递进性地引出第二部分"财政史视野下的近代金融"。第一部分与第二部分为并列关系，揭示近代金融史与经济史、财政史在体系构建和主要内容方面的区别与联系。在第一部分和第二部分并列的基础上，通过递进关系引出第三部分"近代中国金融变迁的体系构建与基本内容"，该部分继续通过并列结构对"以金融机构为本位的体系""货币与金融机构并重分立体系""基于金融市场的体系""基于广义的金融体系"进行分析说明，并递进得出分期视野研究的重要性，但同时对区域之间的不同步、非联系性和独特性也要予以关注，不可绝对化。最后得出结论：中国近代金融史研究对象并没有绝对超离于经济、财政等领域，研究方法需要多学科交互的视野和方法，不可忽视对金融制度和政策的研究，并强调不能离开时代和整个时代的大环境以及不能脱离中国近代史分期等。由此可见，通过并列与递进并用的方式，可以使得文章结构安排合理、思路清晰。

在文章中，为了使论述更加清晰明白，在正文部分写作时，每个部分最好加上小标题，使用不同级别的层次标题，就会使文章逻辑分明、重点突出，达到最好的表达效果。

文章各个部分之间所表达的意思往往是独立的，如果缺少了过渡，直接从一个部分转到下一部分，则会让人感到突兀和生硬。要解决这一问题，就需要在各个部分之间安排合理的过渡性语句或段落以实现各个部分之间的转换，从而使得文章各部分衔接紧密、过渡自然。

三、正文的段落结构

合理安排正文结构，从宏观上来说包括安排好各部分之间的结构，从微观上来说包括各段落的结构。段落表示行文的停顿，在段落中一般应包含论点、论据和论证的过程，以完整地表达一个中心意思。

（一）使用规范段

段落有不规范段和规范段两种形式。在文艺创作或新闻报道中，有时为了方便阅读或故事情节发展，有可能短到一句话独立成段，也有可能长到表达多种意思的

---

① 吴景平：《中国近代金融史研究对象刍议》，《近代史研究》2019 年第 5 期。

内容合起来为一段，像这种随意安排的段落结构称为不规范段，而规范段就是每段集中完整地表达一个意思。

一般情况下，规范段与不规范段可同时使用，但在论文写作中，因为论文的庄重严肃性，则要求使用规范段。每个段落一般应包含一个中心意思，其中包括了论点、论据和论证过程。每段都有一个中心句，全段围绕着一个中心句展开。一个中心句就是一个小的论点，由几个小论点组成一个部分来论证一个较大的论点，再由几个部分组合起来论述文章的中心论点。这样，整篇论文就是一个严密的逻辑整体。从整体来看，文章是由一个中心论点和若干论据（大的部分）加上论证构成的；从局部来看，每个部分又是由一个分论点、若干论据和论证构成，并且每个自然段也是由一个小论点、若干论据和论证构成。当然有的段落是为了文章的起承转合，不一定包含一个论点，但也是文章不可或缺的一部分。这样，每个段落都在各自所处的位置上为论证文章主题服务，自然成为一个完整合理有序的整体。

文章各个部分严密合理、井然有序的分工，就要求作者在平时的写作训练中必须使用规范段。一方面，这便于读者的阅读和利用；另一方面，这一严格的要求也为论文的写作提供了框架。根据所要论述的中心论点安排论据材料，分出大的部分，再根据各个部分在文中地位的轻重取舍每个部分所使用的材料，小到每个段落，都是由论点和论据组成，要求作者在写作时必须对其所要论述的观点精准思考。只有按照规范写作，才能避免逻辑上出现混乱。

（二）突出段落中心句

段落中心句就是用简洁的文字概括全段中心意思的句子。论文严密的逻辑，不仅要求从客观上把握文章的结构，而且要求从微观上把握每段的结构，突显中心句。每段的中心句就如同每段的旗帜，全段都是围绕旗帜展开的，抓住中心句来论述就不会使文章偏离主题。读者可能是初次接触作者的观点，把握了中心句就抓住了文章的要点和文章的基调，在理解、引用文章时不至于出现错误。段落的中心句通常置于段首。起句要切题，告诉读者所要论述的中心意思，这样开门见山、直截了当，读者很容易把握全段的中心内容，即使不阅读后面的内容也能容易了解全段意思。对于作者而言，中心句一开始就奠定了写作的基调，成为全文的统领，引出下面的论述内容，写作起来也比较方便。

如《中兴形象的构建：光武故事与宋高宗政治》一文中的一段为：

> 光武故事有助于新政权政治志向的宣示。"高宗称帝，以中兴为号召"，这是赵构即位的政治使命，也是臣民对新政权的期待。身遭亡国之痛的宋人，祈盼高宗能像光武中兴汉室一样，重新崛起。对时人而言，光武故事是一个王朝从中辍走向重振的成功典范，是挽救危局的精神象征。藉光武中兴故事的讲述，

为散乱的民众擎起集合的旗帜，唤起宋人对赵构的拥戴，树立朝野重建赵宋的信心，"事词的切，读之感动，盖中兴之一助也"。[①]

该段的段落中心句是首句，说明的是光武故事有助于新政权政治志向的宣示。接下来从赵构即位的政治使命以及臣民对新政权的期待两个层次，强调说明光武故事在当时所发挥的重要历史作用，都是紧紧围绕中心句展开的。

如《元代族群认知的演变——以"色目人"为中心》一文中的一段为：

> 忽必烈即位建元后，元朝的统治重心转移到汉地，多族群治理困境又面临新的挑战，即土著汉语人群的优势人口与文化压力。元朝政府一方面要继续贯彻前朝"各依本俗"的治理原则，另一方面，在不断汉化的进程中，需要调整对占人口绝大多数的土著汉语人群的政策，故在非蒙古人群中，特别关注了汉语人群，开始在任官、法律等方面区分"合里"（色目）与汉人，从而影响到人们的族群认知。如前所述，将汉语人群从"合里"（色目）中分离出来，分为两类列举、对照、区别对待的事例，主要集中在任官、赋役、法律礼俗三方面，难免给人以元朝实行"四等人制"的印象，而忽略了制度的初衷与历史发展的过程，及其对族群认知的影响。[②]

该段的主题句是首句，即土著汉语人群的优势人口与文化压力，接下来围绕中心句，通过两个方面的措施来说明元朝政府是如何解决所面对的压力，从而对段落中心句进行有效回应与说明。

段落中心句在有的论文写作中有可能置于句末，这通常出现在总结归纳型的段落中。通常的做法是先列举一些材料，然后根据对材料的分析概括和总结，引出段落的中心论点，在段落的最后一句压轴性地推出。中心句放在段末，虽然不如段首那样醒目，但句尾也是一个比较突出的位置，会引起读者的注意。

如《工业文化研究的几个基本问题》一文中的一段为：

> 从产生的历史逻辑看，先有工业活动，伴随着工业活动的开展，人们对工业的认识逐渐加深，工业生产的方式也逐渐多样化，工业文化逐步形成。但是，工业文化一经产生，便按照自身的知识逻辑独立发展，因此，在工业与工业文化的发展中，两者并非同步。有时，文化滞后于工业的发展，工业实践走在文化的前面。有时，工业文化又超前于工业活动，特别是在工业落后的国家和地区，在引进先发工业化国家的设备与技术时，往往伴随着对工业的认知。因此，在工业与工业文化的关系上，一般来说，工业文化是随着工业活动的产生而产

---

① 何玉红：《中兴形象的构建：光武故事与宋高宗政治》，《中国史研究》2017 年第 4 期。

② 胡小鹏：《元代族群认知的演变——以"色目人"为中心》，《西北师大学报》（社会科学版）2022 年第 6 期。

生的，是对工业活动的理性认识；工业既是工业文化产生的源泉，又是工业文化的载体。但是，工业文化一旦形成之后，就会对工业生产活动产生巨大的影响，有的能够推动工业的发展，如包括工业强国、工业富民、企业家精神、工匠精神、创新意识在内的工业精神，是现代工业发展必不可少的精神动力；有的则会阻碍工业进步，如"逆工业"文化的出现，造成"非工业化"或"去工业化"现象。作为一种文化体系，工业文化可以按照知识的内在逻辑被创造出来，工业科技更需要从工厂中分离出来走向科学实验。因此，当文化发展到一定阶段后，工业文化是可以被独立生产与创造的。[①]

这段话论述的重点是最后一句，即"当文化发展到一定阶段后，工业文化是可以被独立生产与创造的"。为了得出这一结论，作者先说明了工业与工业文化的发展，两者并非同步，再详细论述工业文化一旦形成之后，就会对工业生产活动产生巨大的影响，作者通过举例加以佐证说明，最后得出可靠的结论。

段落中心句也有可能置于句中。这通常是承前启后的句子，该段的中心句是对上半段的总结，同时又开启下半段，其独特的作用只能置于段中。从论述来看，中心句置于句中是必要的，但对于读者而言则不易把握，建议慎用。

如《明清时代的徽商与江南棉布业》一文中的一段为：

> 如果说，洞庭商人主要以朱家角镇为经营布匹的大本营，山东商人常到元和县唯亭镇等地收购夏布，秦、晋布商主要在上海收布，福建商人主要在上海、太仓等地收购棉花和棉布，广东商人主要在宝山县江湾镇等地收购棉布，则其余地区市镇的布商，当主要是徽州的休宁和歙县二县商人，徽州布商在活动地域上是江南棉布贩运的主力。清中后期盛传的"无徽不成镇"谚语，正是徽商活动与江南市镇兴衰关系的生动写照。徽州布商采购商品甚至组织商品生产，通过市场影响生产，从而推动了江南以棉布为主业市镇的兴起，或者促进了江南棉布市镇的兴盛发展，其活动地点的转移，也导致了江南棉布市镇的盛衰嬗替，江南棉布市镇的兴衰，直观地反映了徽州布商的活动情形。不少徽商更完成了从客居到占籍到入籍的过程，江南大地增加了诸多来自歙县和休宁县的商人家族和仕宦家族。[②]

该段论述的中心是徽商活动与江南棉布市镇兴衰的关系，为了引出这一结论，在中心句的前面，作者对不同地域的商人在江南棉布贩运的作用方面分别进行说明，接着转入徽州布商在活动地域上是江南棉布贩运主力的情况，点明了中心——其在江南棉布市镇的兴衰方面的关键作用。在中心句之后的部分，则通过进一步的说明来

---

①　彭南生：《工业文化研究的几个基本问题》，《华中师范大学学报》（人文社会科学版）2022 年第 6 期。

②　范金民：《明清时代的徽商与江南棉布业》，《安徽史学》2016 年第 2 期。

补充说明中心句。

当然，段落中心句的位置并不是一成不变的，有时因段落篇幅过长，可能在段首便点明了中心句，但在段末又补充性地予以说明，前后照应更能加深读者对段落中心句的印象，也使段落的结构更为合理。如《中国海外贸易的空间与时间——全球经济史视野中的"丝绸之路"研究》一文中的一段为：

> 从经济史的角度来看，这些"核心区"之所以重要，主要是因为其经济规模较大，生产力水平较高，因此拥有提供较大数量的商品和获得较大数量的异地商品的能力。我认为大致来说，在16世纪之前，最重要的经济"核心区"应当是中国（主要是东部）、印度（主要是南部）和西欧（包括其控制下的东地中海地区）。这三个地区，至少从公元前两个世纪开始，就拥有当时数量最多的定居人口、规模较大而且较稳定的农业以及工商业，从而成为规模最大的经济体，具有大量和持久地生产和消费商品的能力，而且由于自然条件和文化传统的差异，各自有一些独特的高价值产品。中国、印度和西欧三个主要经济"核心区"中，又以分处欧亚大陆东西两端的中国和西欧最为重要。在"世界体系"开始形成的初期，汉代中国和罗马帝国是世界上人口最多，经济规模最大、生产能力最高的两大经济体。之后经过几个世纪的沉寂，中国在唐代复兴，并自此以后在"世界体系"中一直拥有突出的地位。西欧在罗马帝国崩溃后，西部地区陷入长期混乱，但东部地区在拜占庭帝国统治之下仍然得以保持和平和稳定。拜占庭是中世纪欧洲最大的国家，其人口数量超过中国、印度之外的任何国家。再后，从15世纪起，西欧的西部地区（意大利、伊比利亚、低地国家、法国、英国等）兴起，使得西欧重新获得罗马帝国曾拥有的特殊地位。因此之故，在地理大发现之前的大部分时期中，世界上最发达的经济"核心区"是分处欧亚大陆两端的中国和西欧。当年李希霍芬把"丝绸之路"的起止点定为中国和西欧而非中间的西亚，是很有见地的。[①]

这段话主要说明"核心区"重要的原因。第一句点明因为其经济规模较大，生产力水平较高，所以拥有提供较大数量的商品和获得较大数量的异地商品的能力。接下来列举史料予以证明，最后在末尾又予以概括说明，深化了中心句。

（三）段落均衡

段落划分的长短没有统一的标准，其长短不能在形式上按字数的多少来规定，只能由文章篇幅的长短和每段所要表达的内容来决定。

在段落划分上经常出现的错误是：分段过短或过长。如果过短，则显得零碎，

---

① 李伯重：《中国海外贸易的空间与时间——全球经济史视野中的"丝绸之路"研究》，《北京大学学报》（哲学社会科学版）2021年第2期。个别文字有改动。

无法就某一论点展开周密细致的论述。如果用小段论证，有时会把论点、论据、论证割裂开来，让人觉得支离破碎，达不到完整的表达效果。而过长的段落则显得过于冗长，几个意思纠缠在一起，读者费力读完还不知道作者究竟要表述什么内容。这是由于作者不善于划分段落，本该另起一段的时候而没有分段，因而显得思路不清，理不出头绪。总体来讲，论文段落的长短需根据文章篇幅的长短来确定，但不管怎样，必须完整地表达一个相对独立的意思。

第三节　不同类型正文的写作

由于选题的不同、研究对象的差异和表达方式的多样性，学术论文可分为不同的类型。现就史学论文中常见的类型的写作予以说明。史学论文常见的类型有：论证型、述评型、考证型。

一、论证型正文的写作

论证型论文是作者在广泛占有史料的基础上，综合运用历史学的基础理论、基本知识和技能，以概念、判断、推理等逻辑形式对某个学术问题表明自己的观点并进一步展开论证的文体。一般来说，一篇完整的论证型文章是由论点、论据和论证三部分构成的。论点就是作者提出的观点或见解，一般在论文的引言部分提出。论据则是建立论点的理由和依据，是在写作前准备的史料。有了论点和论据，还要进行论证，论证就是作者用论据来证明论点的过程，就是深入分析、说明论点和论据间的关系，让读者认同作者观点的过程。

（一）论证型论文写作原则

在史学论文中，论证型文章最多，是最主要的类型，由论点、论据和论证组成了一个严密完整的表述系统。

1. 观点鲜明

论文的观点就像旗帜一样醒目，写作时必须把握住正确和鲜明两个原则。所谓观点正确，就是作者所持的观点必须符合历史唯物主义和辩证唯物主义，符合历史发展的规律，建立在科学性的基础上，能紧紧抓住所研究对象的本质。所谓观点鲜明，是指明确地表明自己的立场和观点，表达观点时不是含糊不清或模棱两可，评论时不是各打五十大板。观点正确和鲜明是写好论文的基础和前提，决定着文章的质量和水平。

在写作过程中，有些学生通过自己的研究，自以为对某个问题有了自己的见解，但是在写作时，却发现该问题已有人做过研究，便轻易放弃，这是不可取的。学术研究贵在推陈出新，求实创新，如经过自己认真的思考，确与前人的观点不同，就应该勇于创新，大胆地表述自己的看法。

2.论据可靠

正确和鲜明的观点奠定了写作的基础，但一篇优秀的论文还需要有真实而可靠的论据支撑。在任何情况下，事实永远胜于雄辩，文章所引用的资料，就像建造一栋楼房时所要选用的钢筋、水泥和砖块一样，如果建筑材料本身就是假冒伪劣产品，不符合质量要求，所建造楼房的质量可想而知。就作者而言，在写作时一定要对其所使用的材料严格把关。对于第一手资料，也要反复推敲、考察其真实性。很多同学在写论文时，对于从古籍上摘录下来的资料，不经鉴别就直接拿来使用，认为这是"古籍"资料，使用越多就越能证明文章搜集资料广泛。殊不知，古人也不是完人，其著书立说也会有局限性，对某个问题的认识、对某件事情的记载、对某个事件的评论有时候也会掺杂个人感情，导致记述也并不是完全正确的。即便是官方档案，也会有虚构成分。这就要求学生在使用古籍资料时要仔细把关、认真审核，确定材料真实可靠后才可使用。对于第二手资料，更需要刨根问底，弄清其真实性。涉及引用的资料，一定要查清楚原始的出处；引用别人的论述，必须符合作者本人的原意。有些学生写文章时不看原著，走捷径而转引他人论著中所摘录的文献，这种学风不可取。

3.论证严密

论证型论文重在说理，要善于合理恰当地应用多种论证方法，深刻地分析所研究对象的特点，发现其本质与规律性，揭示论点与论据之间的内在关系，推导出无可辩驳的结论。论证严密，就是要对所研究的内容、方法、价值等进行简要、清晰、全面的论述，对研究所涉及的主要术语进行严格的界定。它反映着研究者的主要思路和水平，故需要认真思考、仔细推敲。从文章的整体来看，作者提出问题、分析和解决问题，要符合客观事物的规律和人们的认识规律，整篇文章紧紧围绕中心论点展开论述，观点鲜明正确、论据真实可信、论证严密充分，观点与材料有机结合，逻辑严密。

（二）论证方法

在论证型论文的写作中，议论是最主要的方法。议论是就所要研究的问题进行分析，通过一定的资料与方法证明自己观点的一种方法。在论证型论文中，议论分为立论与驳论两大类。立论是提出自己的观点、见解，从正面论述自己观点的正确性；驳论是从反面辩驳别人观点的错误性，以证明自己观点的正确性。无论是立论还是驳论，最终的写作目的都是要证明自己观点的正确性。为了达到写作目的，作者经常使用的论证方法有以下几种。

1.举例论证

在史学论文中，举例论证最为常见，是以事实作为论据来举例说明，最常使用的是用史料来论证。在运用事实进行论证时要注意以下几个问题：第一，要保证所列举材料的真实性和可靠性。所举的事例必须是确有其事，不能因为在某本史籍中有关于此事的记载，就认为一定是真实材料。尤其是明清以来的地方志，纂修者往往是地方官、地方名人，为了宣扬政绩、抬高地方名人，其中不乏虚构地方历史、对地方名人过度美化。第二，找准事实所要反映的与写作内容相关的问题。事实是一个复杂的多面体，从不同的侧面分析就会得出不同结论，引用事实并不是引用它的全部内容，这就要求在写作时抓住与自己相关的一面进行分析，即事例与论点相一致的那个切入点，切忌因为过多分析事件本身而冲淡了所要论述的主题。第三，注重引用史料的新颖性。新颖的事例能吸引读者继续阅读下去，也给所要论述的论点带来新意。在引用史料时，如果存在的同类事例很多，就要选择那些没有用过或很少用过的且富有新意的材料。对于常见的材料，要敢于从不同角度来审视和分析。

2.理论论证

为了强化文章的说服力，可以引用经典论著、名人名言，也可以引用成语、谚语、定理等来说明自己观点的正确性。由于论点一般是作者个人从具体的材料中抽象概括出来的，其实质是归纳法，而归纳法在很多条件下是很难全面的。因此，用理论加以辅证，就能够进一步保证其可靠性。

理论论证的逻辑形式是演绎推理，就是将归纳所得的论点用人们已知的科学原理去衡量。引用的言论、事理是被人们承认的，用它来证明自己的论点就会显得真实可信。但需注意的是所引用内容的科学性，它们本身是经得起推敲和考验的，是准确无误的，否则用它们来证明的论点就失去说服力，甚至会得出谬论。

3.比较论证

比较论证通常分为两类：一类是类比法，另一类是对比法。类比论证是根据两个对象在某些属性上的相同或相似，推论两者在其他属性上也有相同或相似点的论证方法。如在分析清朝加强专制主义中央集权的措施时，可以与明朝进行类比。如在思想方面，两个王朝都推行"文字狱"，对知识分子思想进行严格的控制，要认识明朝的文字狱，可以从清朝人的论著中得到启发，这样可以解决明朝对文字狱记载不甚丰富的问题。类比法富于启发性，它深入浅出，使读者易于领悟抽象的道理，可使文章简练生动。

对比论证则是一种求异的思维方式，它侧重于从事物相反或相异属性的比较中来揭示需要论证论点的本质。对比可以是两个对象之间的比较，也可以是同一对象自身前后不同阶段之间的比较，前者称为横向比较，后者称为纵向比较。如分析究竟应不应该废除考试制度时，可以通过对比古代的考试制度——科举制出现以前的人才选拔制度、科举制确立后选拔人才的优越性、科举制废除以后社会在选拔人才方面出现的混乱与困境，自然可以得出理性的结论。在比较中分析和阐明两者的差异和对立之后，是非昭然，自然就能够确立论点了。

运用对比论证要注意几个问题：第一，比较的双方要具备可对比性，不能将两个互不相干的事物进行对比。第二，要建立合理的参照系。要进行比较，就必须具有合理的共同参照系，没有共同的参照系，两者就无法进行比较。所谓参照系指的是用来衡量和确定双方优劣长短的标准，这样的标准必须具有客观性，否则比较的结论就不可靠。

4. 因果论证

在社会历史中，各种现象之间是普遍联系的，因果联系是普遍联系的表现形式之一。没有一个历史事件不是由一定的原因引发的，一个历史事件的发生又会产生必然的结果。在写文章时，根据客观事物之间都具有的这种普遍的和必然的因果联系的规律性，通过提示原因来论证结果，这就是因果论证。运用因果法的关键是既要发现两种现象之间确实存在着前因后果的关系，同时也要正确分析因果关系的复杂性。社会历史本身有着极强的复杂性，可能会出现一果多因、一因多果或多果多因的情况，所以在使用因果论证的时候，要善于深入分析该事件发生的原因，避免出现漏洞，以便得到更为客观的结论。

5. 归谬论证

归谬论证，又称引申论证，这是写驳论文常用的方法。在写作时并不直截了当地指出某一观点是错误的，而是先假定它是正确的，然后顺着对方的逻辑去推理，最后推导出一个十分荒谬的结论，使人明显意识到它的错误，使此论点不攻自破，这样就在反驳对方观点的基础上确立了正确的观点。运用归谬法，可使文章具有幽默感和讽刺性，文风犀利而泼辣。

6. 反面论证

所谓反面论证，就是不对论证的论点做直接论证，而是对与这一论点相反的另一论点进行论证，证明与正面相矛盾的反面论点是错误的，从而间接地说明正面论点是正确的。就对同一个历史问题的认识，两个互相矛盾的观点不可能同时都是正确的，至少有一个是不正确的。在论述时，不直接地说明自己的观点是正确的，而是通过大量事实证明与之相反的观点是错误的，而自己的观点是正确的。在应用反面论证时，首先做出"反设"，即假设与自己观点相反的观点正确，然后将反设作为条件，通过多方面的论证得出一个错误的结论以说明反设不能成立，从而肯定自己观点的正确性。

在论证型文章的写作中，论证方法的应用取决于论证的实际需要。一般来说，是在形成文章的论点之后，再去构思怎样论证这个论点并搜集材料，选择论据，从而决定使用哪些论证方法，而不是先定好使用何种论证方法，再去确立论点，选择论据。通常情况下，在一篇文章中甚至一段中会使用多种论证方法。

二、述评型正文的写作

述评型论文包括综述性论文与评析性论文。在标题中有的使用"……研究综述"，有的使用"……述评/评述"，是在归纳总结前人在某一学术问题或某一研究领域已有研究成果的基础上，进一步分析和评述，发表自己见解的一种论文。综述重点在"述"，其中述的成分多而评论的成分少，只对观点、数据、事实等做客观的分析和介绍；而述评中既有"述"又有"评"，侧重点在评。但这两类文章都是对目前已有研究成果的总结和研究，在写法上是相通的。

在述评型文章中，要简要说明问题的提出及在各阶段的研究状况，并根据研究成果选择几个方面予以详尽介绍，特别是要介绍不同的学术观点。对陈旧的、过时的或已被否定的观点从简或略去，对一般读者熟知的问题只要提及即可。在此基础上，要对已有研究成果进行总体评价，并指出今后需要重点研究的方面。

述评型文章的写作没有固定格式，有的按问题发展历史依年代顺序介绍，也有按问题的现状加以阐述的。不论采用哪种方式，都应比较各家学说及论据，阐明有关问题的历史背景、现状和发展方向。

作为初学者，应尽可能多地阅读和写作述评型的文章，因为述评型文章归纳观点相对容易，能够就某一问题给人明确的指导。在写作述评型文章时，通过搜集前人的研究成果，可以进一步熟悉该问题的研究历程，加深对该问题的理解，发现争论的焦点，确定研究的目标，选定有学术价值的题目。

（一）写作原则

述评型论文与一般文章的写法有所不同，一般的研究型论文比较注重研究的方法和结果，而述评型文章主要向读者介绍与主题相关的各种研究成果和研究动态，并进行恰当的评述。在撰写述评型文章时应注意以下几个原则。

1.搜集已有成果

要写好述评型文章，第一步要进行全面的观点搜集，搜集的面一定要广，建议最好从最新发表的文献开始，看看最新的成果中引用了哪些前人的成果，再顺藤摸瓜，去查找阅读这些著作。要尽可能全面了解前人的观点，包括国内国外的。如果搜集的观点有重大的遗漏，就不可能写好述评型文章。换言之，如对学术研究成果缺乏比较全面的了解，就无资格撰写述评型文章。

2.选择代表性成果

当同一个问题研究的成果较多时，一定要选择那些有代表性和影响力的成果。特别是选择那些在业内知名度较高的学者的观点，他们对某一问题的认识往往是高屋建瓴、最具代表性的。其中，要特别突出首次提出该观点的作者。

3.忠于原文观点

述评型文章在引用已有成果时，文字一定要简洁，尽量避免大量引用原文，要用自己的语言把作者的观点表述清楚。在写作中要忠于原文，所引的材料和观点一定要符合原文的真实面貌或作者的原意，不能主观臆断，推测原作者的观点，更不能根据自己的好恶断章取义，或曲解作者的观点。

4.加入评论

评论是述评型论文不可或缺的部分。评论要客观、真实、全面。评论不是研究得失，不能任意评说。例如，《2023年度西域史研究述评》一文对2023年度我国西域史领域全年公开发表的500余篇论文，出版的70余部学术著作，从政治史、经济社会史、文化史、考古四个方面的研究成果做了简述，最后就四个方面研究的亮点、研究的不足、薄弱之处以及今后需要加强的方向做了评论。[①]

（二）述评型论文容易出现的误区

1.简单罗列

述评型文章不是对已有文献的重复、一般性介绍或罗列书目清单，而应是经过认真阅读和思考后，对某一问题研究成果的全面客观的总结工作，即对以往研究的贡献和不足的客观分析与评论。对于某些新课题，写作时可以追溯该主题的发展过程，适当增加一些基础知识内容，以便读者理解。对于人所共知或知之甚多的主题，应只写其新进展、新动向、新发展，不必重复别人已综述过的前一阶段的研究状况。

2.选题宽泛

述评型文章选题切忌太宽泛，把相关的资料全都罗列其中，造成篇幅长、内容松散、主题不突出的问题。一旦题目过大，必然需要做到面面俱到，但容易头绪繁杂，难以起到浓缩再创造的作用。研究综述不是资料库，而是要紧紧围绕所确定的课题，将已有研究成果经过自己的归纳整理后，系统全面地反映研究对象的历史、现状和趋势。

3.取舍不当

写述评型文章的目的，就是对某一问题研究的历史、现状、未来做一综合的把握。而初学者经常犯的错误就是对切入点把握不好，大段引用原文的观点，什么都写，但什么也没有讲明白。在引用别人的观点时，应有所取舍，在与原文作者观点一致的情况下，尽量用自己的语言表达。如确有必要引用别人的观点，应使用不同的句式表示别人的观点，如"范文澜认为……"、"根据郭沫若所说……"或《明神宗实录》的编纂者认为……"。

[①] 西域史研究年度发展报告课题组：《2023年度西域史研究述评》，《西域研究》2024年第2期。

对所要研究问题的把握和对自己研究方向的确立是研究者的首要工作。阅读和写作述评型文章，都能使初学者很好地把握学术研究的基本特点、基本规范，并快速提高学术论文的写作能力。写作研究综述或述评，实际就是对前人研究成果去粗取精的过程，在接触各种不同的学术观点的过程中，一方面可以扩大作者的视野，把握某一问题研究的最新动态；另一方面根据前人已有的成果选定自己的研究课题，并形成自己独到的见解。所以，对研究者来说，撰写述评型文章是必需的一个环节。

三、考证型正文的写作

考证，即考据，是指研究文献或历史问题时，根据资料来核对、证实和说明。姚鼐在《夏秦小砚书》中言："天下学问之时，有义理、文章、考证三者之分，异趋而同为不可废。"宋代考据已取得相当的成绩，此后不断发展，至清乾隆、嘉庆两朝考据之学极盛，形成了系统的理论与方法，后世称之为考据学派或乾嘉学派。从广义上看，考证包括目录、版本、校勘、辨伪、训诂、辑佚等多方面的内容。这里所讲的考证，指的是狭义的考证，即在论文写作中运用准确无误的材料，通过对某一历史问题的考察和证明，得出令人信服的结论。

考证型论文多用于研究典章制度、人物生平、古籍、遗址、事件等的考证。通过大量的史料考证，发现客观事物的本来面貌，纠正已存在的错误认识，澄清长期以来争论不休的问题，这具有重大的学术意义。但写作此类文章对初学者来说难度较大，作者必须掌握丰富而翔实的史料，并能够进行严密的论证。

（一）写作原则

1.考证对象明确

考证型文章首先要有明确的研究对象，对该问题目前存在的不同观点要有准确的把握，能够对产生不同观点的原因有深刻的认识，在此基础上，抓住对方在史料应用上或者是逻辑推理上明显的错误，加以有力反驳，阐明自己的观点。

2.证据可靠

考证型论文依据的必须是大量真实、可靠的证据。一个确凿的证据，可以推翻一个业已形成的定论，同样，一条错误的史料，会影响到整篇文章的质量，所以在使用史料时，一定要选择可靠的史料。如果考证资料本身的真实性存在问题，那么结论的真实性就很值得怀疑，结论就会显得牵强、没有说服力。因此，写考证型论文，首先要对所使用的证据进行鉴别，绝对不能以伪证伪。考证型文章不是随心所欲的判断，而是依据大量可信的事实，通过科学的、符合逻辑的推理得出经得起检验的结论。

3.考证要有新论

考证的目的是纠正前人的错误，因此考证型文章一定要有新意，提出有别于前人的发现的新见解。如果对一个问题没有充足的理由证明其不足或错误之处，就没有写作考证文章的必要了。考证型文章最忌讳的是感情用事，它注重讲道理，摆事实，以理服人。所以作者应以准确、真实的材料为依据，以高度严密的论证得出客观的结论。以《大斗拔谷新考》为例，清代中期以来形成的"扁都口即是大斗拔谷口"的观点影响很大，再经当代学者的论证，几成常识，刘森垚从名称演变、地理形势、军事路线等多方面考证，古代的大斗拔谷就是今天的大都麻，而非扁都口。作者在论文中提出了新的观点：大都拔谷即今天的大都麻谷。①

（二）考证的方法

1. 逻辑推理

从事考证时，通常要从所考证问题的不同观点或不同方面出发，展开恰当的逻辑推理，同时辅以相关资料或调查材料，得出令人信服的结论。运用逻辑推理时，必须多讲道理，最好还能摆一些事实，这样才能使自己的论点站得住脚。但使用逻辑推理来研究问题时，必须要小心谨慎，否则会犯主观臆断的错误。

在推理时，经常使用的两种方法是归纳法和演绎法。归纳法，指从许多个别事例中获得一个较具概括性的规则。这种方法主要是对收集到的既有资料加以抽丝剥茧的分析，最后得出一个概括性的结论。演绎法，则与归纳法相反，是从既有的普遍性结论或一般性事例中推导出个别性结论的一种方法，由较大范围逐步缩小到所需的特定范围。归纳是从认识个别的、特殊的事物推出一般的原理和普遍的事物的方法；而演绎则由一般（或普遍）到个别。演绎法和归纳法在认识发展过程方面，方向正好相反。归纳（指不完全归纳）是一种或然性的推理；而演绎则是一种必然性推理，其结论的正确性取决于前提是否正确，以及推理形式是否符合逻辑规则。写作中，可以根据研究的需要，灵活运用归纳和演绎，合理地分析问题，得出正确的结论。

2. 三重证据法

三重证据法是在王国维先生提出的二重证据法基础上形成的一种史学研究证据法。二重证据法是王国维先生提出的把发掘的出土文物和史书的记载结合起来以考证古史的方法，在古史研究中被广泛运用。王国维先生运用考古学的成果，结合《史记》《汉书》等文献史籍资料，对汉代边塞、玉门关址、楼兰、西域丝绸之路等问题，做了较为详尽的考释，在学术界产生了巨大影响。

三重证据法即在二重证据法的基础上，结合民族史、民族学、民俗学、人类学调查资料或材料中的"口述史料"来进行历史研究的考据方法。

三重证据法要求我们在写考证型文章时，一方面不断搜罗文献资料，另一方面

---

① 刘森垚：《大斗拔谷新考》，《中国历史地理论丛》2022 年第 3 期。

尽可能地利用如敦煌文书、秦汉简牍和大量考古遗址、出土文物等文物资料，相互印证。再就是利用调查资料来弥补二重证据法的不足，就某些问题产生新的看法，纠正一些错误的看法。当然，并不是所有的考证型文章都要用到二重、三重证据法。方法的运用以适合论文为宜，不宜生搬硬套。

3. 实地调查法

实地调查，就是对某些历史文献记载模糊的问题或者记载有异议的问题，可以到实地去做调查研究，搜集有关资料，以弥补文献的不足。实地调查法是考古、历史地理、民族史、社会史、地方史等方面研究中常用的方法。比如在研究民族史时，到当地实地调查，可以感受到当地的民族氛围，增加自己对研究对象的理解，有助于产生更深的感悟和做出更合理的逻辑判断与推理。费孝通先生通过大量深入农村社区的实地调查，描绘出了中国南方社区的实景，向世界展示的不仅仅是小小的村落，更是一个伟大国家的缩影。"随着本书的描述，读者本身将被带入故事发生的地点：那可爱的河流，纵横的开弦弓村，他将看到，村庄的河流、桥梁、庙宇、稻田和桑树的分布图，此外，清晰的照片更有助于了解这个村庄。"[1] 通过实地调查研究，费孝通先生发掘了原汁原味的地域文化，为我们提供了研究当地民族的"活化石"。

 思考题 ▶

1. 论文正文写作应该遵循哪几条原则？
2. 论文的正文结构有哪几种类型？
3. 论证型论文有哪几种论证方法？

---

① 费孝通：《江村经济》，商务印书馆，1987，第17页。

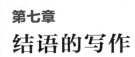

第七章
结语的写作

从论文的组成结构来看，论文的各个部分都不可或缺。论文的主体部分一般由引言开始，接下来是正文，最后以结语结束。结语是对论文观点的高度总结。好的结语可以起到升华主题的作用。结语之所以重要，是因为有些人在阅读文章时并不是逐字逐句地阅读全文，而是先看文章标题是否与自己研究的方向相关，再看文章的结论有无利用价值，最后才决定是否精读或引用。可以说，结语在全文中具有重要的作用。

第一节　"结语"与"结论"的区别

当我们翻阅大量的史学论文时，就会发现大多数文章最后一部分用的是"结语"，仅有少数用的是"结论"，而有些没有明确的小标题，在最后一段以"总之""综上""综上所述"等为标志进行总结。可见"结语"与结论并非一回事，要写好论文的最后一部分，作者应当了解"结语"与"结论"在写法和用法上的区别。

据商务印书馆 2016 年版的《现代汉语词典》对"结语"一词的解释："结语"，即"结束语，是文章或正式讲话末了带有总结性的一段话"。而"结论"是："从推理的前提推论出来的论断或对人和事物所下的最后论断。"结语是总结性的语句，放在文末用来收结全文，主要考虑的是文章结构与内容的完整性，与引言提出的问题以及正文分析的问题相呼应。而结论是在调查研究、论证的基础上通过严密的逻辑推理而得出的"论断"，是对最终结果的说明或认识，其独特的作用不能由结语来代替。

为了让大家更清楚"结语"与"结论"之间的区别,特以竺可桢《中国近五千年来气候变迁的初步研究》为例。

该文对我国近五千年来的气候史的初步研究,可得出下列初步结论:

(1)在近五千年中的最初二千年,即从仰韶文化到安阳殷墟,大部分时间的年平均温度高于现在2℃左右。一月温度大约比现在高3—5℃。其间上下波动,目前限于材料,无法探讨。(2)在那以后,有一系列的上下摆动,其最低温度在公元前1000年、公元400年、1200年和1700年,摆动范围为1—2℃。(3)在每一个四百至八百年的期间里,可以分出五十至一百年为周期的小循环,温度范围是0.5—1℃。(4)上述循环中,任何最冷的时期,似乎都是从东亚太平洋海岸开始,寒冷波动向西传布到欧洲和非洲的大西洋海岸,同时也有从北向南趋势。①

竺可桢利用中国古代历史文献中丰富的气象学和物候学的记载,进行初步的分析,简明扼要地概括出了近五千年来气候变化的主要趋势。该论文系自然科学论文,结论观点明确。历史研究不像自然科学研究一样由实验、分析、论证进而得出一个明确的结论,因而使用"结论"的文章较少,但在研究报告、理论推导类的文章结尾亦有使用。如《关于清代新疆军府制的几个问题》一文,结论部分为:

清朝统一新疆之后,设伊犁将军府为新疆最高军政建制,伊犁将军是新疆的最高军政长官。将军总统南北两路,节制统辖塔尔巴哈台、喀什噶尔参赞大臣和乌鲁木齐都统,直辖伊犁军政区,权限之大,统辖地域之广,在当时全国驻防将军中首屈一指。伊犁将军总统新疆之权限,主要体现在非常时期,诸如四大军政区建制尚未规范时期,新疆境内有军事行动或有外交纠纷发生之时。一般情况下,其总统权限在很大的程度上只是一种形式或名义而已。伊犁将军的权限职掌,主要是管理伊犁直辖区内的军政事务。正因为如此,清代边疆设立的参赞大臣虽有疆帅称,但伊犁军政区设立的参赞大臣与喀什噶尔、塔尔巴哈台两军政区的参赞大臣不同,不是一个军政区的最高长官,无专地可辖,只是伊犁将军属下协同办事的官员。正因为如此,伊犁参赞大臣补授无定制,长期缺悬,只是在总统事务繁重时期,参赞大臣方补授有定制。清代新疆实际设立了两个军府,即伊犁将军府和乌鲁木齐都统府。这两个军府无论长官品秩、辖区面积、驻军规模、下属军政官员品级数量、所理军政事务等方面,都基本相当。只不过伊犁将军有节制统辖南北两路的权限,尽管这一权限在很大程度上只不过是形式或名义而已。②

① 竺可桢:《中国近五千年来气候变迁的初步研究》,《考古学报》1972年第1期。
② 王希隆:《关于清代新疆军府制的几个问题》,《西域研究》2002年第1期。

分析以上结论，可以看出其条理清楚，概括简明，传达的信息具体而明确，有着严格的定性或定量的特点。如果结论部分内容较多，可以分条目进行表述。

而结语在历史类文章中的使用较为广泛，如在专题论述类、综合论述类文章中，一般不分条目，内容比较宽泛，不传达定量信息，只是对全文概括性、总结性地做进一步说明，如《汉唐故事与五代十国政治》一文的结语为：

综上所述，我们得出以下两点认识。

第一，汉唐故事在五代十国政治运行中发挥着广泛而切实的影响。在五代十国时期，汉唐旧例被不断地讲述、效法和取鉴。时人援引的汉唐故事，有的是事实本身的客观叙述，有的是时人对过去的回忆，还有的是结合现实需要有意挑选出来并作出有利于统治的解读。五代十国频频出现的汉唐故事，有助于强化政权的合法性构建和人心动员，在制度重建中有效地维持着统治的运行，作为理想统治的典范起到政治导向的作用。

第二，汉唐故事是五代十国分裂割据状态下维系历史连续的潜在力量。聚焦于五代十国时期的断裂和延续问题，王赓武1957年撰写《五代时期北方中国的权力结构》，突出强调中国历史在这一时期的连续性。从长时段来看，五代十国将汉唐时代所积累的制度文明与秩序资源得以保留和延续发展。本文所述的汉唐故事，就是这一时期从破坏走向整合的一个重要因素。援引汉唐故事，是五代十国离乱政局中人心思治的投射。在多渠道的政治宣传和历史叙述中，五代十国政权的合法性源于汉唐，其制度框架基于汉唐旧例重建而成，其最终施政目标也指向汉唐统治典范。汉唐故事在五代十国出现的场景和具体性质各不相同，看似驳杂琐碎却有着共同的指向，即对汉唐统一王朝治理精神的追念、推崇和认同。汉唐故事寄托着时人走出乱世的理想，体现出走向统一的政治导向。从政权的合法性溯源到统治制度的重建，再到朝廷施政方向的确立，汉唐故事对时人有着强烈的吸引力，可以说分裂动荡的五代十国共享着相同的思想和历史资源。在此意义上，五代十国乃是汉唐时代统治精神的自然延续。从汉唐故事凝塑五代十国政治的案例，也可窥见历史记忆对国家认同的复杂作用。中国历史上的国家认同，一是体现于对在位君主的忠诚，二是被聚焦于维持着属于某一姓的君主统系的王朝，三是对超越了具体王朝的一个历时性政治共同体的集体记忆与政治追求的意识。"变化中的国家认同自然需要从本土的历史和文化资源中去寻求表达自己的适当形式。"共同的历史记忆，是形塑政治共同体的基石。

"汉唐故事"就是根植于中国本土历史和文化资源中的一种共同记忆。本文所关注的五代十国时期，固然存在对梁、唐、晋、汉、周等各自君主和王朝认同的事实，若放宽观察历史的视野，这一时期实际上存在着一个超越了某个具体王朝的认同汉唐故事的政治共同体。五代十国在正统性构建、制度重建和确立施政方向诸多方面，均指向对汉唐故事的解说和依赖。作为不同政权和利益群体"共同"历史记忆的"汉唐故事"，是时人应对危机走向一统的内在因素。这种基于共同历史记忆的政治认同，作为分裂变动中保持不变的核心精神，从而将不同的力量熔铸于一体。基于共同历史记忆产生的历史文化、民族和国家认同意识，是中华文明绵延不断的根源所在。这也是中华民族宝贵的历史文化和精神遗产。

概言之，汉唐故事的反复讲述与效法，是五代十国对汉唐统一王朝政治遗产的认同和延续。在改朝换代、兵戎不断这些显而易见的"断裂"现象之下，认同和继承汉唐统治这一点却贯穿于五代十国始终。汉唐故事如同黏合剂，将分裂的各种力量潜在地聚合在一起，引导着五代十国走出离乱动荡。借由汉唐故事这一议题的观察表明，分裂动荡的五代十国以认同和继承汉唐统治的特殊方式维持着历史的连续性发展。辩证和历史唯物主义启发我们，认识历史发展中的"断裂与连续"问题，不能局限于朝代兴衰隆替、政治体制胡汉之别等框架之中，而应深入到政治运行的内在精神和理念层面。以此观察中国历史连续性问题，还有相当大的研究空间。[①]

该论文的结语部分使用了典型的历史论文结语的写作手法。作者先是对自己的观点进行了高度概括、总结，在此基础上又进行了诠释，最后又对"汉唐故事"与五代政治的关系进行了升华。

在具体的写作中，因为结语是对全文的总结性、概括性的表述或进一步的说明，因而主观性较强。而结论主要是客观地表述文章的研究成果，语言表达的客观性较强。因为结语和结论并非相同的概念，这就要求在实际的写作中，应根据文章结尾部分所要表达的具体内容决定究竟是使用"结语"还是"结论"作为层次标题。如果需要对全文内容做一个概括性的总结或说明，可使用"结语"，这样就可以表达作者的主观见解和看法，发挥的空间较大。如果要在文章的末尾表达经过正文的分析、研究得出的有重要价值的论断，则使用"结论"作为层次标题更为妥当。

第二节　结语的内容

在史学论文中，结语的写作较为普遍，用以总结前文，加深题意，对引言中提出、正文中分析或论证的问题加以概括总结，深化文章的主题。有的文章是单独分一个部分专门写结语，也有的文章虽然没有明确的标记，但是放在最后来写。结语内容一般涉及以下几个方面：

---

①　何玉红：《汉唐故事与五代十国政治》，《中国社会科学》2021 年第 4 期。

一、概括研究成果

通过文章的论述，说明了什么问题，对某个历史问题形成了怎样的看法，其实也就是对文章创新之处的强调，是作者就某一历史问题的最终认识。它可以为读者阅读提供方便，使之领会文中的主要观点和看法。结语所写的是最终的、总体的观点，而不是文中各论点的简单重复，更不是罗列原始文献中的观点。换言之，结语应紧紧围绕主题有层次地展开，而与主题无关的部分不宜全部列出。在写作时表述要清楚明确，不可模棱两可，含糊其词。不能使用"大概""可能""大约"之类模糊不清的词。

如《从出土汉简看汉王朝对丝绸之路的开拓与经营》一文的结语为：

> 总之，通过出土汉简和传世文献，我们可以看到，两汉时期的丝绸之路，从东到西有着大致固定的路线和走向。从长安到敦煌，属于汉王朝直接统治的郡县地区，沿线建有绵延不绝且分布均匀的驿站馆舍。这些交通设施的高效运转，是国家统一而强大的综合国力的集中体现。没有国家强有力的保障，就没有丝绸之路的畅通。所谓丝绸之路网状说并不符合事实。至于丝绸之路的中段则与内地不同。天山以南是城郭之国，属于农耕定居之地；而天山以北则属于草原游牧地区。穿行在塔克拉玛干沙漠的南北两道，以绿洲为据点，在汉王朝政治、经济、军事等多种措施的保障下，西域都护管辖的绿洲各国按照朝廷的意志，履行东道国的义务，以此来保障丝路中段的正常通行。葱岭以西，汉王朝军事外交并用，保持同中亚各国以及西亚、南亚次大陆的直接来往。那种认为丝绸之路上只是一个绿洲到另一个绿洲短距离间接交易的说法同样是不全面的。
>
> 丝绸之路的概念从 1877 年李希霍芬提出以后就是一个开放和发展的系统，随着历史的发展，在不同的历史语境下应有不同的内涵和限定。不能由于西汉的丝绸之路尚未延伸到罗马，就否定它的存在。罗马的势力不断扩张从共和进入帝国是公元前 30 年以后的事，在此之前的丝绸之路实际上已经进入了繁荣时期。[1]

以往学者对丝绸之路的认识，都是一个整体的、模糊的认识，即丝绸之路是路网，丝绸之路只是一个绿洲到另一个绿洲短距离间接交易。作者利用汉简，结合传世文献，对两汉丝绸之路路线走向做了考察，观点明确，对学界对丝绸之路的错误认识进行纠正，进一步深化了对丝绸之路的认识。

---

[1]　张德芳：《从出土汉简看汉王朝对丝绸之路的开拓与经营》，《中国社会科学》2021 年第 1 期。

如《浅议元朝的"四等人"政策》一文的结语为：

> 总之，"四等人"的划分既有维持大一统的需要，也是对民族融合成果的一种承认，而以蒙古人为国之根本、色目和汉人互相牵制的政策又导致了民族分布格局的巨大变化，进而为更大范围内的民族融合创造了条件，所以仅仅以民族歧视和压迫来评价元朝"四等人"政策的历史作用似乎是不全面的，也是不科学的。①

对于元朝的"四等人"政策，目前学术界大多数人是持否定的态度。作者通过对元朝的"四等人"政策进行分析，认为"四等人"的划分既是维持大一统的需要，也是对宋辽金元时期民族交融成果的一种承认。以蒙古人为国之根本，色目和汉人互相牵制的政策又导致了民族分布格局的巨大变化，进而为更大范围内的民族交融创造了有利条件。而目前大多数学者以现代人的观念对元朝民族政策进行评判，得出的结论显得不太全面。在结论中作者既说明了"四等人"政策的必要性和有利因素，对前人观点进行了中肯的评价，又明确表达了自己的不同观点。

如《自然灾害影响下的明蒙关系》一文的结语为：

> 总之，自然灾害在明蒙双边关系的演变中，扮演了较为重要的角色，成为影响双方关系的重要外在因素。自然灾害发生之后，在与明蒙各自的政治、经济等内部因素相互作用后，就会对明蒙关系造成很大的影响，这是研究者所应注意的。②

前人在论述到明蒙关系时，大多从政治、经济、军事、民族关系等方面进行论述，很少有人从自然灾害方面论述。虽然有部分学者就自然环境对某一时期或某一事件上的影响进行过论述，但很少有学者以整个明蒙关系的发展为视角，系统地探讨自然灾害这一外在因素对其的影响。而作者另辟蹊径，从自然灾害角度分析明蒙关系。因为北方地区的风雪、冰雹、干旱、蝗虫等自然灾害对明蒙双方都存在影响，对游牧民族之一的蒙古来说尤甚。在受灾之后，由于草原游牧经济的脆弱性和不稳定性，使其无法靠自身的能力抵御，因而蒙古封建主迫于生计，或南下掠夺，或主动互市，最终形成的结论是自然灾害"扮演了较为重要的角色，成为影响双方关系的重要外在因素"。结语升华了主题，突出了文章特殊的观察视角。

如《甲午战争前夕李鸿章对局势的判断论析》一文的结语部分：

> 综上可见，甲午战争中中国的失败，不完全败在力量悬殊、国力不逮，而败在当权者所奉行的一整套外交观念、战争观念、治军观念的陈腐不堪、过时落后。李鸿章仅仅是这些落后与陈腐的一个缩影。他已是那一时代相对开明、

---

① 李大龙：《浅议元朝的"四等人"政策》，《史学集刊》2010 年第 2 期。
② 刘祥学：《自然灾害影响下的明蒙关系》，《晋阳学刊》2009 年第 1 期。

相对有所作为的人物了，但到头来仍难免其俗而乏回天之术。甲午之役，终究成为日本国力迅速上升、中国地位一落千丈的分水岭，为我炎黄子孙留下无穷的遗憾、无尽的酸楚。①

对于甲午战争中清政府被日本打败的原因，学术界有很多种不同的说法，但作者通过对统治者中的一个缩影——李鸿章对局势的判断分析，论述清政府失败的原因。因为李鸿章是当时战争的指挥者，他对局势的判断，以及战略战术的运用是否得当，直接关系到战争双方的决策和在未来战争中所处的地位。在这方面，这场战争的实际统帅李鸿章可以说是一误再误，终于导致了甲午战争的失败，进而得出清政府"败在当权者所奉行的一整套外交观念、战争观念、治军观念的陈腐不堪、过时落后"的结论。

二、找出不足之处

所有的学术研究都不是完美的，都有自己的不足和缺陷，研究都是在前人研究的基础上进行的，都有对前人观点的继承，同时也有对前人观点的修订、补充和发展，这也就是研究的魅力所在和创新之处。学术研究应当是客观公正的，在指出前人不足的同时，也应当客观公正地说明自己研究的不足之处，这不仅不会降低文章的价值，反而更会体现出作者在学术研究中坦诚的胸怀与求真务实的态度。说明本研究的不足之处或遗留问题，可以指明研究的方向，更有效地推动本课题的深入研究。

如题为《八股之外：明清江南的教育及其对经济的影响》一文的结语为：

最后，我还要说一句：正如我曾经指出的那样，我们若是为"近代至上"的偏见所蒙蔽，把古人看得愚不可及，那就无法真正了解过去。为了真正了解我们的过去，就必须破除这种"现代人对过去的傲慢与偏见"，实事求是地分析过去的情况。本文对明清江南教育问题的讨论，就是我在此方面进行的一个探索。当然，限于直接史料的匮缺，我在对明清教育问题的研究上仅能做到目前所达到的这一步。我希望借此引起学界同仁对此问题的进一步关注，以推进此项研究。②

在近代以前的社会中，教育对于经济发展究竟有何种影响，是一个颇有争议的问题，仁者见仁，智者见智。作者以江南的情况为例对此问题进行了研究，对明清江南的精英教育及大众教育的内容、教育对经济的影响进行了分析，认为明清江南教育的

---

① 马敏：《甲午战争前夕李鸿章对局势的判断论析》，《社会科学研究》1995年第5期。

② 李伯重：《八股之外：明清江南的教育及其对经济的影响》，《清史研究》2004年第1期。

发展和普及对于经济的成长和江南经济成长模式的形成起到了非常重要的作用。在结语中，作者说明了因为直接史料的缺乏，无法对此问题进行更深入的研究，这是本文的不足之处。

如《"丁戊奇荒"对江南的冲击及地方社会之反应——兼论光绪二年江南士绅苏北赈灾行动的性质》一文的结语为：

> 通过以上论述可以看出，在单纯面对"丁戊奇荒"的情况下，无论是江南地方精英在乡土范围内发起的救助外来灾民的行动，还是江南社会被激发出来的那种狭隘的地方本位主义话语，其内在脉络是一致的，即都贯穿着捍卫乡土安全的地方性立场。而由于忽视了地方性视角，以往研究当然未曾对这种立场及其在这场灾荒期间的各种表现给予注意，也就无法准确把握光绪二年底江南士绅的苏北行动的具体背景和实际性质。事实上，江南士绅这次行动的直接动机，仍是应对当时外来难民潮的一种努力。这就使此次行动不过是江南地方性救荒传统的某种延伸，而与那种"不分畛域"的跨地方义赈行动还有相当大的距离。因此，如果把这次苏北行动视为"近代义赈"之始，那么又该对自明清以来就已成型的江南地方性救荒传统给出怎样的性质判断呢？而这反过来也提醒我们，在理解近代中国的社会变迁时，切不可过于低估内在传统资源的能动作用。最后应该指出，本文所作的考察当然不足以全面展示"丁戊奇荒"与社会之间发生互动作用的实践进程，而只是试图从一个具体的场景出发，表明以往相关研究对该进程还缺乏足够的认识。至于该进程蕴涵的其他许多重要社会脉络，特别是晚清义赈的兴起过程，本人将在另外的研究中加以阐明。①

光绪初年爆发的"丁戊奇荒"主要危害了华北地区，因而以往的学者在论述这一灾害及其应对时只考虑到了华北地区。其实这场巨大灾害的影响不只局限于华北地区，对江南地区也造成了巨大的影响，单从华北方面考虑中国近代救荒事业显然失之偏颇。文章论述了"丁戊奇荒"对江南地区的冲击和社会的反应，同时论及了江南士绅苏北赈灾的性质。但该文仅是从一个具体的场景出发，没有全面展示"丁戊奇荒"与社会之间发生互动作用的实践进程，不足之处在结语中予以说明。作者对研究不足之处的说明，更能体现出作者对待学术研究的认真态度。

三、指明研究方向

结论部分不仅要概括自己研究的成果，找出不足之处，如有可能，还应为他人

① 朱浒：《"丁戊奇荒"对江南的冲击及地方社会之反应——兼论光绪二年江南士绅苏北赈灾行动的性质》，《社会科学研究》2008年第1期。

或自己继续研究该问题指明方向，提供进一步研究的线索。

如《马仲英赴苏及其下落》一文的结语为：

> 笔者无意对马仲英一生的功过是非进行评论，只是依据有关材料对他赴苏后的活动和下落进行一点粗浅的探讨。应该说，马仲英的下落，尚有待在见到库氏所说的前苏联秘密档案后才能下定论，笔者只是在现有材料的基础上进行一些大胆的推测而已，目的在于促进对此问题的进一步关注和研究。[①]

1934年，声震西北的马仲英离开所部三十六师，前往苏联，从此再未能返回，关于其下落有种种说法，至今仍为一个不解之谜。作者通过查找相关资料和调查，对马仲英赴苏后的活动及其与三十六师的联系、马仲英的下落等问题做了考察，认为马仲英赴苏后走上了正确的道路，但由于极其复杂的原因，马仲英大约在1937年底被斯大林以勾结土耳其反苏势力和日本帝国主义的罪名处死。这在文章中通过论述已经说明，但仅仅是一家之言，所以在结语中言："马仲英的下落，尚有待在见到库氏所说的前苏联秘密档案后才能下定论。"这为对该问题进一步的研究指明了方向。

如《环境、社会动荡与山区寨堡——明清川陕楚交边山区寨堡研究之一》一文的结语为：

> 另外，明清时期的社会动荡中，川陕楚交边山区的寨堡不仅数量多，覆盖地域广，而且作用显著，较有代表性，值得深入研究的内容丰富，除本文已述及者外，其他如寨堡修建、组织中的官绅民关系，宗族关系，寨堡与团练、乡勇，寨堡与山区聚落，寨堡与里保甲组织等问题，容另文探讨。[②]

在社会动荡期间，寨堡成为川陕楚交边山区民众躲避战乱、自保身家的重要依托，尤其是在嘉庆白莲教起义期间，山区几乎"处处有之"，许多州县的寨堡"数以百计"。寨堡分布范围广，作用显著，值得深入研究。文章以白莲教起义为中心，记述了环境、社会动荡与山区寨堡之间的关系。但对"寨堡修建、组织中的官绅民关系，宗族关系，寨堡与团练、乡勇，寨堡与山区聚落，寨堡与里保甲组织等问题"并没有深入研究，作者在结语中指明了以后自己研究的方向。

如《明代"朝班"考述》一文的结语为：

> 有明三百年，虽然"以品定班"的基本原则没有放弃，但品级已失去了固定班序的作用。朝班体现的是官员的"贵贱尊卑"，而当权力跳出品级的框架时，朝班也不可能保持稳定——这便是朝班之变的真正原因。

---

① 王希隆：《马仲英赴苏及其下落》，《中南民族大学学报》（人文社会科学版）2003年第2期。
② 张建民：《环境、社会动荡与山区寨堡——明清川陕楚交边山区寨堡研究之一》，《江汉论坛》2008年第12期。

由于史料缺乏，明朝人对前朝之制已不能详，今人欲拼接出一个朝班变化的完整链条并加以考察，其难度可想而知。本文对明代朝班进行了一次初步的、框架式的考述，而朝班的许多细节，其变化与官制、与时政的关系，尚有待于继续深入的研究。①

朝堂之上，百官文东武西，各依品级序立，即为朝班。明代时，每逢正旦、冬至、万寿圣节的大朝，每月初一、十五的朔望朝，以及每日御门听政的常朝，百官都要排班入朝；当国家举行大典礼、大祭祀，以及岁时令节赐宴，郊祀庆成宴、会试恩荣宴、经筵日讲，朝官也须按照品级侍班、行礼和叙坐，班行次第不可淆乱。明初，朝班"专准品级"，其后"兼隆侍从"，又移于权势，改于因循，出现了"次序参错，班行混淆"的现象。班序的淆乱，直观地反映了政治形势的变化。朝班体现了规范的统治秩序，其变化也显示了这一秩序是如何解体的。文章对朝班做了框架式的描述，分析了朝班变化的特点以及造成其变化的原因。但因为资料的缺乏，对朝班的细节性问题，其变化与官制、时政的关系，尚需深入研究。

如《南京大屠杀的历史记忆（1937—1985）》一文的结语为：

20 世纪 80 年代以后，南京大屠杀与现实政治的纠葛并没有减弱。由于日本社会不断有人否定侵略历史，历史认识问题成为中日关系障碍之一，南京大屠杀在其间居于重要地位，成为中国民众对日本侵华历史认识的一个象征。毫无疑问，20 世纪 80 年代以后，南京大屠杀越来越为国际社会所了解和关注，其内涵也大大丰富。但是，如何借鉴以往的经验，克服概念化、空洞化和抽象化的倾向，仍然是我们面临的重要任务。要还原真实的大屠杀历史，不但需要学者的努力，而且需要广大民众的有力配合，这其间还有很长的路要走。②

南京大屠杀是日本蓄意制造的重大惨案之一，全面抗战之初，即作为日本军国主义侵华暴行的象征而被中外新闻媒体广为报道。战后，远东国际军事法庭和中国审判战犯军事法庭对其进行了专案审理，松井石根、谷寿夫等战犯受到了惩处。但由于后来国际和国内政治形势的发展，南京大屠杀逐渐被淡化。文章论述的是南京大屠杀发生后到 1985 年中国建立侵华日军南京大屠杀遇难同胞纪念馆期间，南京大屠杀是如何被记忆和传递的，但对于如何认识这一惨案还有很长的路要走，期待后人继续研究。

在结语的写作中，最常见的是对所论述对象简短的总结或是说明文章的研究

---

① 胡丹：《明代"朝班"考述》，《故宫博物院院刊》2009 年第 1 期。
② 刘燕军：《南京大屠杀的历史记忆（1937—1985）》，《抗日战争研究》2009 年第 4 期。

价值，对未来的展望和不足之处的论述相对较少。论文的写作没有固定的规则，但作为初学者，理应在学习写作之初就掌握好规范，再在规范的要求下发挥写作才能。

第三节　结语写作的要求

结语是对全文中心内容的概括和总结性的说明，具有相对的独立性。结语表述要点要具体，切忌使用抽象笼统的语言和故作深奥的表达。在结语中不宜再提出新的论点，也不能展开论述还未说明的问题。如有尚未解决的问题，可在正文中适当加入内容补充说明。如果论述的内容过多，意犹未尽，可在结语中引出进一步研究的方向，另立篇目论述。在实际的写作中，结语部分总是存在很多问题，主要有以下几个方面需要注意。

一、结语要精练，不能自我评论

结语以充分表达论文的研究成果为主，虽然没有长短要求和字数限制，但一定要精练，不宜过长。结语中不能使用自我评价性的词语，如"本研究具有国际先进水平""本研究结果属国内首创""本研究结果填补了学术研究的空白"之类的语句。因为文章价值的大小最终由读者读完文章后做出评判，而非作者自吹自擂。

二、结语不能与摘要重复

前文已经论述了摘要是展示文章研究的创新之处、目的、方法、结果等的窗口，有报道性摘要、指示性摘要、报道指示性摘要三种类型。而结语是对全文观点的总体概括，在结语中要说明已经解决了的问题、文章的不足之处，如有可能还要为以后的研究指明方向。可见两者在写作内容与方法上都存在着很大的不同。但是，两者之间也有相通的地方，那就是对文章创新点和结论都有所涉及。但应当注意的是，摘要只是概括性的提炼，而在结语部分可以稍做展开，内容要比摘要全面。作为初学者，既要严格把握两者在写法、用法上的区别，同时应该多读专家的文章，仔细辨别，发现其中的不同之处，灵活运用。

如《1980年以来中国古代北方游牧文化研究评述》一文的摘要为：

中国古代北方游牧文化是与古代中原农耕文化相对应的一个概念，也是一个相对薄弱的研究领域。20 世纪 80 年代以来，这一领域的研究取得了较大的进展，主要采用文化类型分析和多学科研究方法，成果体现在基本概念的厘定、游牧民族的历史与社会、游牧经济、宗教与习俗、游牧生态环境观等方面，对其加以梳理总结，有利于该问题研究的深化。

这是一篇述评型的文章，主要论述的是 1980 年以来中国古代北方游牧文化研究成果，摘要写成指示性的，说明目前对北方游牧文化的研究成果体现在"基本概念的厘定、游牧民族的历史与社会、游牧经济、宗教与习俗、游牧生态环境观等方面"，但具体内容怎样，因篇幅所限并未展开，只待读者自己阅读文章了。而该文的结语为：

综上所述，20 多年来学界从游牧、游牧文化的概念以及历史上游牧民族的社会、经济、宗教与习俗方面进行了多层次的探讨，并取得显著的成绩。但研究中仍存在以下两方面的不足：一是对游牧文化的理论性研究与提炼不够，在如何构建科学完整的学科体系上，还需做大量的工作；二是现有成果运用传统方法和手段进行研究者多，引用新理论、新方法研究者少，或者说缺乏理论与方法的创新。如何既能较好地吸纳国外相关研究成果和方法，为我所用，又能避免照搬他人，仍然是摆在我们面前的一项艰巨任务。特别需要指出的是，在今后的研究中，一方面要把中国古代北方游牧文化的研究放在整个欧亚大陆游牧文化的大背景下，既研究其共性（即揭示其诸多的同象性的内容），也要注意研究我国古代北方游牧文化的个性与特性，继续加强微观问题和个案的研究；另一方面把中国古代北方游牧文化研究放在中国历史的大背景下，摒弃过去轻视游牧文化的思维定势，着重探讨北方游牧民族及其文化在构建中华经济文化圈中的历史贡献，深层揭示中华民族多元一体格局形成的内在规律；也要注意对游牧经济和游牧文化诸多奥秘的探索，尤其加强对游牧民族生态环境观的探讨与总结，为当今北方地区及草原牧区的经济社会发展和区域经济的开发提供借鉴和启示。[①]

在结语中，作者肯定了目前学术界在北方游牧文化研究方面已经取得的成绩，同时也指出了目前研究中两个方面的不足，并为以后的研究指明了方向，提出了两个方面的建议。

通过对比分析同一篇文章的摘要与结语，可以发现两者在写作方法、表述内容上的明显区别。但摘要和结语都是论文的一部分，都是为论文所要表述的主题服务的，从这个角度来讲，两者又是统一于主题之下的。

[①]　田澍、马啸：《1980 年以来中国古代北方游牧文化研究评述》，《西域研究》2008 年第 2 期。

◀ **思考题** ▶

1. 结合写作实践，谈谈如何选用结语和结论？

2. 结语的内容通常包括哪几个部分？

3. 选读几篇公开发表的文章，分析结语或结论的写作特点。

第八章

引文注释标注与参考文献著录

论文引证文献时，有的使用引文注释标注方式，有的使用参考文献著录方式。通过引文注释标注或参考文献著录，可以看出作者是否具有严肃认真的治学态度、资料的搜集深度与广度如何，以及对学术前沿动态的把握情况等。因此，作者必须高度重视引文注释标注与参考文献著录的规范。

第一节　注释及其规范

注释，也叫注解或注文，是为了方便读者阅读，作者对文章中的某些词语、内容及出处所做的进一步的说明。注释最早有传、注、训、笺、疏、章句等名称，后来统称注，最早用于对儒家经典的解释和说明，后来用于著书立说时补充说明文章中的特定内容。根据《现代汉语词典》（商务印书馆 2016 年第 7 版）的解释：注释，也叫注解，解释字句的文字。如对某些名词术语的解释、引文（尤其是直接引语）出处的说明等。

一、注释的分类

在论文写作中，注释可以分为标题注、作者注、释义注以及引文注四种。

标题注，是对标题所做的补充性说明，通常在标题的右上方打 "＊" 号标记，在页脚处注释。如《〈前秦建元籍〉与汉唐间籍帐制度的变化》[①] 一文的标题注为

---

① 　张荣强：《〈前秦建元籍〉与汉唐间籍帐制度的变化》，《历史研究》2009 年第 3 期。

"本文为国家社会科学基金项目'汉唐户籍文书研究'（08BZS019）的阶段性成果，课题并获得霍英东教育基金会资助。本文初稿完成后，承陈国灿、王素、马怡、侯旭东等先生，及外审专家提出宝贵意见，特此致谢。"基金项目注也属于标题注释的一种，有的刊物注于标题中，有的在文章首页的页脚处单独以"［基金项目］"的形式说明。基金项目是指文章的资助背景，如国家社会科学基金、教育部博士点基金等，如果受到资助的项目成果公开发表应予以说明，并在圆括号内注明其项目编号，如果是受多个项目的资助，应以分号隔开。如《从进贡到私易：10—11 世纪于阗玉的东渐敦煌与中原》[1] 一文的基金项目注为：国家社科基金重大项目"敦煌与于阗：佛教艺术与物质文化的交互影响"（项目编号：13&ZD087）。

作者注，就是注明作者的基本信息。目前大多刊物的做法是在作者姓名之下注明作者所在的单位，在页脚处以"作者简介"或"［作者简介］"的形式注明。作者简介主要是对作者的姓名、出生年月、性别、民族（汉族可省略）、职称、籍贯、学位、履历及研究方向等所做的介绍。但在实际标注中，在基本内容相同的情况下，各个刊物又有不尽相同之处。为了方便国际交流，有时也需要有与中文作者简介相当的外文（多为英文）作者信息。

如《欧洲的中国观：一个历史的巡礼与反思》一文的作者注为：

张国刚（1956—），男，安徽宿松人，清华大学历史系教授，博士生导师，主要从事中国古代史和中西文化关系史的研究。[2]

如《元代四川行省沿革与特征》一文的作者注为：

李治安，男，1949 年生，河北邢台人，南开大学历史学院教授，从事元史和中国古代史的教学与研究。[3]

如《近 300 年来玉米种植制度的形成与地域差异》一文的作者注为：

韩茂莉（1955—），女，北京市人，北京大学教授、博士生导师，主要研究方向为中国历史地理。[4]

释义注，是对文中所采用的专有名词或读者不易明白的专业术语的解释，或是对某一部分内容的解释性说明，也常见于对外文专业术语及缩写、中译外国人名原文的注解。如《说彝论——殷周之际社会秩序的重构》一文中对"五事"的注释为：

汉儒董仲舒每以阴阳灾异之论解释"五行"，但也曾正确地分析了"五事"的目的在于为君王之治献策，他说："夫五事者，人之所受命于天也，而王者所

---

[1]　荣新江、朱丽双：《从进贡到私易：10—11 世纪于阗玉的东渐敦煌与中原》，《敦煌研究》2014 年第 3 期。
[2]　张国刚：《欧洲的中国观：一个历史的巡礼与反思》，《文史哲》2006 年第 1 期。
[3]　李治安：《元代四川行省沿革与特征》，《历史教学》（下半月刊）2010 年第 2 期。
[4]　韩茂莉：《近 300 年来玉米种植制度的形成与地域差异》，《地理研究》2006 年第 6 期。

修而治民也，故王者为民，治则不可以不明，准绳不可以不正。王者貌曰恭，恭者，敬也；言曰从，从者，可从；视曰明，明者，知贤不肖，分明黑白也；听曰聪，聪者，能闻事而审其意也；思曰容，容者，言无不容。恭作肃，从作义，明作哲，聪作谋，容作圣。何谓也？恭作肃，言王者诚能内有恭敬之姿，而天下莫不肃矣。从作义，言王者言可从，明正从行，而天下治矣。明作哲，哲者，知也，王者明，则贤者进，不肖者退，天下知善而劝之，知恶而耻之矣。聪作谋，谋者，谋事也，王者聪，则闻事与臣下谋之，故事无失谋矣。容作圣，圣者，设也，王者心宽大无不容，则圣能施设，事各得其宜也。"（《春秋繁露·五行五事》，苏舆：《春秋繁露义证》，北京：中华书局，1992年，第389页）。[①]

引文注，即对引文出处的注释。引文就是在论文写作中，为论证自己的观点而引用的其他书籍、文章或文件，把别人的观点、理论或论述作为自己文章的材料。根据引用方式的不同，引文可分为直引和意引两种方式。直引，指直接引用文献资料中完整的一段话，所引文字必须与原文完全符合。如果引用文字较短，可以给所引文字加引号以示与原文的区别。如果引用的是一大段话，既可以加引号直接引用，也可以不加引号而独立成段后再缩进两个字符。意引，指在引用的过程中，作者对所引的文献内容进行加工转换，用自己的语言表述出来，转述的文字不需加引号标记，但必须在引文末标明所引文献出处。特别需要注意的是，意引必须吃透原文，忠实于作者的观点，不可断章取义，更不能为了论证自己的观点而歪曲篡改别人的原意。

此外，在公开发表的刊物上，还有收稿日期注，即对收到稿件时间的注释。其注释格式采用全数字"YYYY-MM-DD"的格式表示，如"2010-10-15"。此外还有图表注，即对图表中的量值或符号做进一步的说明，在图或表的下面注明。

二、注释的方法

注释的方法，按照注释在文中出现的位置，通常分为三种，即夹注、脚注或尾注。

夹注，是在文章的写作过程中把注释的内容放在需要加注的部分的后边，用圆括号标明。在括号里注明引用文献的名称、作者等信息使读者对所引文献一目了然，因其放在括号里标明，故与直接引用不同，特别适于引用众所周知的经典著作。但与直接引用类似，夹注不宜过多，否则会影响读者的阅读体验和排版的美观性。

脚注，即把注释放在当页的左下方，并用实心横线与文章正文部分分开。这种注释方式便于读者浏览引文的出处及其他信息。页下注采用每页重新编号的方式，

[①] 晁福林：《说彝伦——殷周之际社会秩序的重构》，《历史研究》2009年第4期。

按注释在文中出现的顺序以①、②、③、④等序号标出。页下注的序号应该统一放在引文（或所引词、词语）之后。

尾注，是将注释的内容置于全文的末尾，按材料出现的顺序排列。将注释集中放置于文后，有利于读者了解作者研究该问题所涉猎的资料全貌。

三、引文注释的标注规范

标题注、作者注、释义注相对比较自由，也比较简单，前文已有举例。引文注释则相对比较复杂，各刊物之间不尽相同。现对引文注释格式予以说明。

（一）中文文献

1. 古籍

（1）刻本

序号/撰写者年代（可选）/责任者与责任方式/文献题名/卷次、篇名/版本、页码。部类名及篇名用书名号表示，其中不同层次可用中圆点隔开，原序号仍用汉字数字，下同。页码应注明 a、b 面。如：

　　①（明）徐阶：《世经堂集》卷五《拟遗诏》，明万历徐氏刻本，第 1 页。

　　②姚际恒：《古今伪书考》卷三，光绪三年苏州文学山房活字本，第 9 页 a。

（2）点校本、整理本

序号/撰写者年代（可选）/责任者与责任方式/文献题名/卷次、篇名/出版者/出版时间/页码。可在出版时间后注明"标点本""整理本"。如：

　　①（唐）杜佑撰，王文锦等点校：《通典》，中华书局，1996，第 35 页。

（3）影印本

序号/撰写者年代（可选）/责任者与责任方式/文献题名/卷次、篇名/出版者/出版时间/（影印）页码。可在出版时间后注明"影印本"。缩印的古籍，引用页码还可标明上、中、下栏。如：

　　①（明）宋濂：《进元史表》，《明经世文编》卷一，中华书局，1962，影印本，第 5 页。

　　②杨钟羲：《雪桥诗话续集》卷五，辽沈书社，1991，影印本，上册，第 461 页下栏。

（4）地方志

明清以前地方志多为私人编纂，可在标注时注明作者。明清时期，地方志一般为地方官府负责修撰，因此一般不标注作者，只在书名前注明成书的年号（年代）。"民国"时期的地方志，标注时在书名前加"民国"二字。新影印（缩印）的地方志可采用新页码。如：

①乾隆《平利县志》卷二《户口》，第 5 页。

②民国《宜川县志》卷六《人口》，第 6 页。

③万历《广东通志》卷十五《郡县志二·广州府·城池》，《稀见中国地方志汇刊》，中国书店，1992，影印本，第 42 册，第 367 页。

（5）常用基本典籍

官修大型典籍以及书名中含有作者姓名的文集可不标注作者，如《论语》《孟子》《明实录》，以及二十四史等。如：

①《明史》卷三一五《云南土司三》，中华书局，1974 年点校本，第8129 页。

（6）编年体典籍

编年体典籍，可注出引文所属的时间。如：

①《明太祖实录》卷一〇三，洪武九年春正月癸未，台湾"中研院"历史语言研究所校印本，1962，第 1739 页。

②《清德宗实录》卷四三五，光绪二十四年十二月上，中华书局，1987 年影印本，第六册，第 727 页。

2. 著作

序号/责任者与责任方式/文献题名/出版者/出版时间/页码。

责任方式为"著"时，"著"可省略，其他如"编""主编""编著""整理""校注"等责任方式不可省略。责任者如果是两个或三个且责任方式相同，用顿号隔开，有三个以上，只取第一责任者，其后加"等"字。引用翻译著作时，将译者作为第二责任者置于文献题名之后。如：

①赵景深：《文坛忆旧》，北新书局，1948，第 43 页。

②任继愈主编《中国哲学发展史（先秦卷）》，人民出版社，1983，第35 页。

③莫尼克·玛雅尔：《古代高昌王国物质文明史》，耿昇译，中华书局，1995，第 10 页。

3. 期刊

序号/责任者/文献题名/期刊名/年期（或卷期，出版年月）。如：

①张明富：《乾隆末安南国王阮光平入华朝觐假冒说考》，《历史研究》2010

年第 3 期。

②吴景平：《胡佛研究所藏宋子文档案概况及其学术价值》，《复旦学报》（社会科学版）2008 年第 6 期。

4. 报纸

序号/责任者/篇名/报纸名称/出版日期/版次。早期中文报纸无版次，可标识卷册、时间或栏目及页码（可选）。同名报纸应标示出版地点以示区别，如：

①杜羽：《e 考据时代，如何治红学？》，《光明日报》2015 年 10 月 23 日第 9 版。

②滕文生：《中华民族几千年历史上最恢宏的史诗》，《人民日报》2021 年 7 月 9 日第 9 版。

5. 析出文献

序号/责任者/析出文献题名/文集责任者与责任方式/文集题名/出版者/出版时间/页码。

①杜七红：《清代汉口茶叶市场研究》，载陈锋主编《明清以来长江流域社会发展史论》，武汉大学出版社，2006，第 332—333 页。

②狄尔泰：《对他人及其生命表现的理解》，载何兆武主编《历史理论与史学理论：近现代西方史学著作选》，商务印书馆，1999。

③郑炳林：《康秀华写经施入疏与炫和尚货卖胡粉历研究》，载《敦煌吐鲁番研究》（第三卷），北京大学出版社，1998，第 191—208 页。

（二）外文文献

引证外文文献，原则上使用该语种通行的引证标注方式，文献题名用斜体，出版地点后用英文冒号，其余各标注项目之间，用英文逗点隔开。现列举英文文献的标注方式如下。

1. 专著

序号/责任者与责任方式/文献题名/出版地点/出版者/出版时间/页码。如：

①Mare W. Kruman, *Between Authority & Liberty：State Constitution Making in Revolutionary America*, Chapel Hill：The University of North Carolina Press, 1997, p. 134.

②Harry Thomas Dickinson, *Liberty and Property：Political Ideology in Eighteenth-Century Britain*, London：Methuen and Company, 1977, pp. 144 - 145.

2. 期刊文章

序号/责任者/文献题名/期刊名/卷册及出版时间/页码。文献题名用英文引号标识，期刊名用斜体。如：

①R. R. Palmer，"Notes on the Use of the Word 'Democracy' 1789—1799，" *Political Science Quarterly*，vol. 68，no. 2（Jun. 1953）：204.

3. 析出文献

序号/责任者/析出文献题名/文集题名/编者/出版地点/出版者/出版时间/页码。如：

① Alexander Hamilton，"New York Ratifying Convention，Notes for Speech of July 22，" in Harold C. Syrett，ed.，*The Papers of Alexander Hamilton*，New York：Columbia University Press，1962，vol. V，pp. 150 - 152.

（三）未刊文献

1. 学位论文、会议论文等

序号/责任者/文献标题/论文性质/学校或地点/文献形成时间/页码。如：

①方明东：《罗隆基政治思想研究（1913—1949）》，博士学位论文，北京师范大学历史系，2000，第 67 页。

②任东来：《对国际体制和国际制度的理解和翻译》，全球化与亚太区域化国际研讨会会议论文，天津，2000，第 9 页。

2. 手稿、档案文献等

序号/文献标题/文献形成时间/卷宗号或其他编号/藏所。如：

①胡适：《胡适的日记》（手稿本）第 2 册，1921 年 9 月 21 日。

②甘肃民政厅：《甘肃三年来执行婚姻法情况总结报告》，甘肃省档案馆藏，档案号：138 - 004 - 0345。

（四）电子文献

电子文献包括以数码方式记录的所有文献（含以胶片、磁带等介质记录的电影、录像、录音等音像文献）。

序号/责任者/电子文献题名/更新或修改日期/获取和访问路径/访问日期。如：

①扬之水：《两宋茶诗与茶事》，《文学遗产通讯》（网络版试刊）2006 年第 1 期，http：//www. literature. org. cn /Article. asp？ID＝199，访问日期：2007 年 9 月 13 日。

（五）转引文献

文献无法直接引用，转引自他人著作时，须标明。

序号/责任者/原文献题名/原文献版本信息/原页码（或卷期）/转引文献责任者/转引文献题名/版本信息/页码。如：

①章太炎：《在长沙晨光学校演说》，（1925年10月，）转引自汤志钧《章太炎年谱长编》下册，中华书局，1979，第823页。

在引文注释标注中需要注意以下几点：第一，意引时引用的并不是作者的原话，在注释中标注为：参见×××：《××××》，×××出版社，×××年。第二，如果所引的内容中有难以理解的文字，可以在关键词后加括号注明，其格式为：（×××即×××——引者注/笔者注）。第三，有时为了论述的需要，在一段话中引用了多条材料，如果这几条材料都出自同一篇文献，则无需对所引文字一一加注说明，只需在最后一句引文后标出。格式为：以上均见×××：《××××》，×××出版社，×××年。

第二节　参考文献著录规范

一、参考文献的含义

参考文献的含义，是一个需要辨识的问题。我国于1987年5月5日批准，并于1988年1月1日起实施《文后参考文献著录规则》（GB/T 7714—1987），对参考文献的界定是："为撰写或编辑论著而引用的有关图书资料。"这里重点强调的是参考文献的"引用"作用。为了利于大型数据库的建立以及对文献数据进行交换、处理、检索、评价和利用，清华大学《中国学术期刊（光盘版）》杂志社制定《中国学术期刊（光盘版）检索与评价数据规范》（习惯上又称《CAJ-CD规范》）。1999年，国家新闻出版署发文要求对所有进入光盘版的期刊参照执行，后来大多数期刊就使用了这一规定。在该规范中，对于参考文献的界定是："参考文献是对期刊论文进行统计和分析的重要信息。"这里对参考文献仅仅是从功能上进行了界定，并没有对什么是参考文献本身进行界定，尤其没有对注释与参考文献的区别进行界定。

由于概念界定的模糊性，在参考文献的著录上出现了很多混乱。最常见的是根据字面的意思理解"参考文献"。参考即参照，就有许多人在写文章时把引文用注释的方式标出，再在文后附上"参考文献"。这些文献在文中并没有被直接引用过，作者列出的本意就是虽然没有引用，但在写文章的过程中参照过此类文献。参考文献的混乱还表现在期刊上，各期刊对于参考文献的著录各不相同，甚至是同一期刊内不同文章的参考文献的著录也各不相同，最常见的是与注释的混淆。有的在文章的末尾虽然列了参考文献，但在著录时却没有用参考文献的著录方式，而用引文注释的方式。也有的是在文章后用"注释",但用的却是参考文献的著录方式。还有的是注释与参考文献混用,各种不规范之处不胜枚举。

参考文献与中国传统的引文注释有很大的相似之处,都是对文中引用的内容的标出,都是论有所据或引经据典,同时也是尊重别人劳动成果的体现。所不同的是引文注释具有对文章某一部分做一解释说明的作用,但参考文献却没有这样的功能。所以当引入"参考文献"这一概念的时候,其所代替的是引文注,但由于1999年施行的《CAJ-CD规范》并未对此进行明确的说明,才产生了对注释与参考文献的歧义与误解。参考文献是从西方学术界和自然科学界引入的一个概念,有人戏称其为"舶来品",与中文的习惯特别是中国文史传统很不符合,因此出现了上述的混乱。参考文献的引入是为了使我国的学术与国际接轨,使用符合国际标准的著录方式,有利于学术的国际交流。

但参考文献著录方式对于史学论文的写作而言有着明显的缺陷。史学论文写作中要引用很多古籍,古籍最常见的是分卷形式,而从国外引入的参考文献这一著录形式则无法表示分卷。尤其是民国以前的书籍为刻本、钞本、稿本,只能用卷来表示。有些古籍在民国以后又有了影印本和排印本,加上了页码,但各个出版社在影印同一本书时,排版的页码不同,引用时注明页码不如说明卷次更方便读者的查阅与复核。还有引用诸如出土的简牍、敦煌文书等材料时,仅仅依靠参考文献著录是远远不能准确表述的。

使用参考文献著录是一个正在探索实践的过程,也是一个逐步完善的过程。2005年,在对《文后参考文献著录规则》(GB/T 7714—1987)进行修订后,经国家质量监督检验检疫总局和国家标准化管理委员会批准成为一项推荐性国家标准(GB/T 7714—2005),用来指导作者和编辑规范化著录参考文献。修订版的著录规则"在著录项目的设置,著录格式的确定,参考文献的著录以及参考文献表的组织等方面尽可能与国际标准保持一致,以达到共享文献信息资源的目的"。同时《中国学术期刊(光盘版)》编辑委员会总结了《CAJ-CD规范》施行以来的经验,参照国际、国家标准的新发展,按照"对旧的规范的条文进行了修改,形成《中国学术期刊(光盘版)检索与评价数据规范》的修订版本"[①]。在修订版的《CAJ-CD规范》中,参考文献最终被明确地界定为"作者撰写论著时所引用的公开发表的文献书目"。参考文献被明确地定义为"引用",其功能与注释中的"引文注"大致相同,代替了注释中的引文注,即著录文章中"引用"过的文献。

2015年5月15日,国家标准《信息与文献—参考文献著录规则》(GB/T 7714—2015)由中华人民共和国国家质量监督检验检疫总局、中华人民共和国国家标准化管理委员会发布,该标准代替《文后参考文献著录规则》(GB/T 7714—2005),成

---

① 参见《中国学术期刊(光盘版)检索与评价数据规范》(CAJ-CD B/T 1—2006)。

为现行的国家标准。经查询"全国标准信息公共服务平台"，《信息与文献参考文献著录规则》目前正在修订，主要起草单位有：武汉大学图书馆、中国科学技术信息研究所、北京师范大学出版社（集团）有限公司、《北京大学学报》（哲学社会科学版）编辑部、中国科学院文献情报中心、中国科学院计算机网络信息中心、华中师范大学信息管理学院、武汉大学信息管理学院、中国科学技术期刊编辑学会、《中华医学杂志》社有限责任公司。

二、参考文献的著录原则

参考文献著录的是公开发表的文献，即在国内外公开发行的刊物或正式出版的图书上的文献，内部使用的资料或内部出版物上刊登的资料不能以参考文献的形式列出。公开发表的文献，包括专著、论文集、报纸文章、期刊文章、学位论文、报告、标准、专刊等印刷版的文献，也包括数据库、计算机程序、电子公告及电子文献（以磁带、磁盘、光盘、联机网络和网络版文献为载体）。[1] 其中需要说明的是学位论文虽然没有在公开发行的报刊发表或正式出版，但是已经过专家评审并通过答辩，且为公开和存档的文献，因此可以作为参考文献使用。

参考文献应选择最新、最具代表性的文献。就一篇文章而言，其所引用的文献数量是有限的，不可能把所有与论题相关的文献全部罗列，因此选择最具代表性的文献著录就显得尤为重要。为了达到这一目的，一般引用时选择最新出版的文献，最新的文献可以反映出与题目相关的最新的研究成果，有助于把握学术研究的动态和最前沿的成果。此外还应选择最具代表性的学者言论。就某一问题，可能有很多学者持相同的观点，引用时，应选择学术素养水平高且在业内共知的专家言论。如果对被引文章的作者不熟悉，没有办法选择引用文献，可依据期刊的权威性来选择。权威期刊一般是经过高水平编辑、专家审稿后才刊发的，经过多层把关，所刊发的文章质量要比一般期刊相对高一些，故从权威期刊上选择参考文献显得很重要。

直接引用原始文献。参考文献是证明作者论点的依据。个别作者在引用文献过程中并不是直接引用原始文献，而是从其他文章或图书中转引资料。这种方法是要不得的。如果被引文章的作者因自身的疏忽而错误引用的话，就会以讹传讹。转抄者可能因理解上的片面性而曲解所引用材料，就会闹出更大的笑话。所以对他人著作中所引文献，自己的文章若要引用，必须找到原文，严肃认真地加以核对。尤其要仔细核对论著的卷数、页码这些容易出错的地方。只有亲自阅读原始文献，才能对文献的研究背景及研究目的有准确认识，也能够为编辑、评审者、读者评价论文水平提供更为可靠的依据。

---

[1]　参见《中国学术期刊（光盘版）检索与评价数据规范》（CAJ-CD B/T 1—2006）。

三、参考文献的著录规范

参考文献是学术专著、科研论文的重要组成部分，是对期刊进行统计和分析的重要信息源之一。下面将根据《中国学术期刊（光盘版）检索与评价数据规范》（修订版）[①] 的内容，结合历史学学术论文的特点，对参考文献的著录规则予以说明。

参考文献著录项目为：主要责任者；文献题名；文献类型及载体类型标识；其他责任者（译者，校注、校点、校勘者等）；版本；出版项（出版地、出版者、出版年）；文献出处或电子文献的可获得地址；文献起止页码；文献标准编号（ISBN，ISSN……）。主要责任者包括：普通图书作者、论文集主编、学位申报人、专利申请人、报告撰写人、期刊文章作者、析出文献作者等，多个责任者之间以 "，" 分隔。

参考文献类型以下列单字母方式标识：

参考文献类型	普通图书	会议论文	报纸文章	期刊文章	学位论文	报告	标准	专利	汇编	参考工具
文献类型标志	M	C	N	J	D	R	S	P	G	K

对于其他未说明的文献类型，一般采用单字母 "Z" 来标识。

对于数据库（database）、计算机程序（computer program）及电子公告（electronic bulletin board）等电子文献类型的参考文献，用下列双字母作为标志：

电子参考文献类型	数据库	计算机程序	电子公告
电子文献类型标志	DB	CP	EB

对于非纸张型载体的电子文献，当被引用为参考文献时，需在参考文献类型标志中同时标明其载体类型。本规范建议采用双字母表示电子文献载体类型：磁带（magnetic tape）——MT，磁盘（disk）——DK，光盘（CD-ROM）——CD，联机网络（online）——OL，并以［文献类型标志/载体类型标志］表示包括文献载体类型的参考文献类型标志。如：［M/CD］——光盘图书（monograph on CD-ROM）；［DB/MT］——磁带数据库（database on magnetic tape）；［CP/DK］——磁盘软件（computer program on disk）；［J/OL］——网上期刊（serial online）；［DB/OL］——网上数据库（database online）；［EB/OL］——网上电子公告（electronic bulletin board online）。以纸张为载体的传统文献在引作参考文献时不必注明其载体类型。

[①] 参见《中国学术期刊（光盘版）检索与评价数据规范》（CAJ-CD B/T 1—2006）。

　　目前大多数刊物的参考文献采用顺序编码制，即参考文献按在正文中出现的先后次序列于文后，其上以"参考文献"（左顶格）作为标志；英文文章后的参考文献上以"References："（左顶格）作为标志。参考文献的序号左顶格，并用数字加方括号表示，如［1］、［2］等，与正文中的指示序号格式一致。每条文献只与一个序号相对应。当文献题名等内容相同仅页码不同时，可将页码注在正文中的指示序号后。每一参考文献条目的末尾均以"."结束。需要注意的是这里的"."是标志符号而不是标点符号，输入时为英文输入状态下的句号。

　　参考文献的著录顺序基本与文章注释顺序相同，只不过不需要标注页码，中文参考文献可按照责任者姓氏的音序编排，外文参考文献可按照责任者姓氏字母的音序编排，同一责任制的多篇参考文献，可按照其出版年份的先后顺序编排。

　　下面举例说明各类参考文献条目的编排格式。

（一）中文文献

　　1. 普通图书（包括教材等）、会议论文集、资料汇编、学位论文、报告（包括科研报告、技术报告、调查报告、考察报告等）、参考工具书（包括手册、百科全书、字典、图集等）的著录格式为：

　　［序号］主要责任者. 文献题名：其他题名信息（任选）［文献类型标志］. 其他责任者（任选）. 版本项（任选）. 出版地：出版者（有编号的知名系列报告可不注出版地和出版者），出版年：起止页码（当整体引用时不注）.

　　　　［1］脱脱. 宋史［M］. 北京：中华书局，1977.

　　　　［2］王凯旋. 明代科举制度研究［D］. 吉林大学，2005.

　　　　［3］冯西桥. 核反应堆压力管道与压力容器的 LBB 分析［R］. 北京：清华大学核能技术设计研究院，1997.

　　　　［4］吕启祥，林东海. 红楼梦研究稀见资料汇编［G］. 北京：人民文学出版社，2001.

　　　　［5］张永录. 唐代长安词典［K］. 西安：陕西人民出版社，1980.

　　2. 期刊文章的著录格式为：

　　［序号］主要责任者. 文献题名［J］. 刊名（建议外文刊名后加 ISSN 号），年，卷（期）：起止页码.

　　　　［1］钱乘旦. 不平衡的发展：20 世纪与现代化［J］. 历史教学（高校版），2007，（6）：5－6.

　　　　［2］李怀顺，魏文斌，郑国穆. 麦积山石窟"伏羲女娲"图像辨析［J］. 华夏考古，2006，（03）：89－97.

　　3. 报纸文章的著录格式为：

［序号］主要责任者.文献题名［N］.报纸名，出版日期（版次）.

　　［1］许崇德.千里之行始于足下：记新中国成立初期的立法活动［N］.光明日报，2011－03－03（10）.

　　［2］叶帆.移情体验与史家修养［N］.人民日报，2011－03－03（23）.

　　［3］钟玉华.外来文化深嵌菲律宾人生活［N］.环球时报，2011－03－01（9）.

4.标准（包括国际标准、国家标准、规范、法规等）的著录格式为：

［序号］主要责任者（任选）.标准编号，标准名称［S］.出版地（任选）：出版者（任选），出版年（任选）.

　　［1］中华人民共和国教育部.汉语拼音正词法基本规则：GB/T 16159—2012［S］.北京：中国标准出版社，2012.

　　［2］全国信息与文献标准化技术委员会.信息与文献 参考文献著录规则：GB/T 7714—2015［S］.北京：中国标准出版社，2015.

5.专利的著录格式为：

［序号］专利申请者或所有者.专利题名：专利国别，专利编号［P］.公告日期或公布日期.

　　［1］陈大钟.中国历史知识棋：中国，96108555.X［P］.1998－01－07.

　　［2］中国科学院软件研究所.自适应的历史数据压缩方法：中国，02120383.0［P］.2003－12－03.

6.各种未定义类型的文献的著录格式为：

［序号］主要责任者.文献题名［Z］.出版地：出版者，出版年.

　　［1］汤志钧.章太炎年谱长编（上册）［Z］.北京：中华书局，1979.

　　［2］史若民，牛白琳.平、祁、太经济社会史料［Z］.太原：山西古籍出版社，2002.

　　［3］翁同龢.翁同龢日记：第6册［Z］.陈义杰整理.北京：中华书局，1998.

7.析出文献的著录格式为：

［序号］析出文献主要责任者.析出文献题名［文献类型标志］//原文献主要责任者（任选）.原文献题名.出版地：出版者，出版年：析出文献起止页码.

　　［1］栾成显.明代人口统计与黄册制度的几个问题［C］//明史研究论丛（第七辑）.北京：紫禁城出版社，2007.

　　［2］钱茂伟.晚明实录编纂理论的进步：以薛三省《实录条例》为中心

［C］//第十届明史国际学术讨论会论文集.北京：人民日报出版社，2004.

8.电子文献的著录格式为：

对于载体为"DK"、"MT"和"CD"等的文献，将对应的印刷版的［文献类型标志］换成［文献类型标志/载体类型标志］（包括［DB/MT］和［CP/DK］等）；对于载体为"OL"的文献，除了将对应的印刷版的［文献类型标志］换成［文献类型标志/载体类型标志］，尚须在对应的印刷版著录项目后加上发表或更新日期（加圆括号，有出版年的文献可不选此项）、引用日期（加方括号）和电子文献的网址，建议在网址和相应的文献间建立起超链接。

［1］方舟子.学术评价有新招［N/OL］.中国青年报，2006 - 01 - 11.（2006 - 01 - 11）［2006 - 03 - 02］.http：//scitech.people.com.cn/GB/1057/4017988.html.

［2］萧钰.出版业信息化迈入快车道［EB/OL］.（2001 - 12 - 19）［2002 - 04 - 15］.http：//www.booktide.com/news/20011219/200112190019html.

［3］西安电子科技大学.光折变效应应用中的预置光栅方法：中国，1580873［P/OL］.（2005 - 02 - 16）［2006 - 04 - 28］.http：//develop.lib.ts-inghua.edu.cn/infoweb/entryview.jsp? rid＝20337.

［4］江向东.互联网环境下的信息处理与图书管理系统解决方案［P/OL］.情报学，1999，18（2）：4.［2005 - 01 - 18］.http：//218.17.222.243/was40/detail? record＝216&channelid＝51954.

（二）外文文献

各类外文文献的文后参考文献格式与中文示例相同。为了计算机检索方便，建议题名的首字母及各个实词的首字母大写，期刊的刊名等可用全称或按 ISO 4 规定的缩写格式。例如：

［1］MERLE M. Sociologie des Relations Internationales［M］.4th ed. Paris：Dalloz，1988.

［2］HILDBRAND K. Das Drite Reich［M］.München：Bund-Verlag-GmbH，1979.

［3］TpuropxH C B. PynHHYHaH TeoxMMM［M］.MocKBa：Hexpa，1992.

［4］ROSENTHALL E M. Proceedings of the Fifth Canadian Mathematical Congress［C］，University of Montreal，1961.Toronto：University of Toronto Press，1963.

［5］GUO Ai-bing. Auto Show Revs up Customers' Desire［N］.China Daily，2002 - 06 - 07（1）.

［6］村山敏博.木質材料の耐燃処理［J］.木材工業，1960，5（10）：439 - 441.

［7］ WANG Chun-yong，Mooney W D，WANG Xi-li，et al. A Study on 3-D Velocity Structure of Crust and Upper Mantle in Sichuan Yunnan Region ［J］. Acta Seismologica Sinica（S1000—9116），2002，15（1）：12－17.

［8］ CALMS R B. Infrared Spectroscopic Studies on Solid Oxygen ［D］. Berkeley：Univ. of California，1965.

［9］ World Health Organization. Factors Regulating the Immune Re-sponse：Report of WHO Scientific Group ［R］. Geneva：WHO，1970.

［10］ KRAME D P. Hermetic Fiber Optic-to-Metal Connection Technique：USP，5143531 ［P］. 1992.

［11］ WEINSTEIN L，SWERTZ M N. Pathogenic Properties of Invading Microorganism ［M］//SODEMAN W A Jr，SODEMAN W A. Pathologic Physio-logy：Mechanisms of Disease. Philadelphia：Saunders，1974：745－772.

［12］ Scitor Corporation Project Scheduler ［CP/DK］. Sunnyvale，Calif：Scitor Corporation，1983.

［13］ WAN Jin-kun. Papers Abstracts of China University Journals（1983—1993）［DB/CD］. Beijing：Encyclopedia of China Publishing House，1996.

［14］ GARFTELD E. The Agony and the Ecstasy：The History and Mea-ning of the Journal Impact Factor ［C/OL］//International Congress on Peer Review and Biomedical Publication，Chicago，September 16，2005.（2005－11－01）［2006－02－01］. http：//www. google. com/search？hl＝zh-CN&newwindow＝1&q＝agony＋garfield&bt-nG＝%E6%90%9C%E7%B4%A2&lr＝.

四、参考文献的著录方式

参考文献的著录方式一般有以下两种。

第一种形式：文章后只有参考文献，而没有注释。这种标注方式并不意味着注释的消失，更多的时候将注释的内容在文中直接表达，或采用夹注的形式注于文中，所以文后无注释。

第二种形式：文后有参考文献，也有页下注释或文章末尾的注释。这是因为参考文献著录的格式是从国外引入，对未公开发表的私人来信、档案资料、书稿、古籍等各种文献有很大的不适应性，这时必须得用传统注释标注。

就目前而言，因为参考文献著录的方式正在推广阶段，由于著录中所面临的实际困难与各刊物的编辑人员以及各院校对注释、参考文献认识和理解上的差别，可能各刊物以及各院校对学生论文著录格式的要求都不尽相同，作者要在灵活掌握两种不同方式的基础上，按不同的要求处理好不同的注释。

第三节　引文注释标注与参考文献著录辨析

尽管引文注释与参考文献有着明确的规定，但翻阅近期发表的论文，仍发现许多作者和刊物在进行引文注释标注与参考文献著录时不符合相关要求，这可能是由于作者只注重正文内容的写作，而忽略了注释与参考文献的规范，对其重要性的认识不足。因此，有必要对注释与参考文献做一辨析。

为了更加清晰、明白地说明注释与参考文献的不同之处，现摘取《明代阁臣数考实》①一文的部分内容，用引文注释和参考文献两种格式对同一文献进行示范，以便于读者掌握两者在用法上的特点。

一、引文注释标注

内阁是明代政治制度史研究中的热点问题之一。从明成祖简用解缙、黄淮等翰林官员入值文渊阁参预机务时起，直至崇祯皇帝亡国，明代阁臣几何，学界说法不一，故有必要予以考述，作出准确统计。

王天有在《明代国家机构研究》中说："历朝在阁任职人数二〇一人次，翰林出身一六四人次。如果把连任两朝、三朝者以一人统计，总共一六二人。"①关文发则认为明代阁臣有 163 人，他在《明代政治制度研究》一书中说："据《明史·宰辅年表》统计，自成祖肇建内阁至明亡止，阁臣凡 163 人。"②怀效锋在《中国官制通史》一书中互用"内阁大学士"和"阁臣"两词，但没有明确两者之间的关系。在谈及明代阁臣数时说："明代一百七十位大学士中，尚书入阁者共有一百一十人，侍郎入阁者二十四人，翰林院官二十七人，其他出身的仅九人。"170 人的数据从何而来，不得而知。因为作者忽而说洪武时期是"内阁制度开始形成的时期"，忽而又说"明代内阁萌芽于洪武、永乐"时期③。

不仅不同著作的统计数目各异，即就是同一著作，在前后文中所采用的数目也不一致。王其榘在《明代内阁制度史》一书中说：在"一百六十四个阁臣中，曾经担任过地方官只有二十九人"。同时，作者又为这 164 人编写了"简传"。在权谨简传中说："权谨虽被任命为文华殿大学士，并未入直过文渊阁。《明史·宰辅年表》列入，是不合适的。本书保留其名与事迹，仅仅是为便于查考。"在席书简传中又说："席书实际并未到阁理事，因此，在《明史·宰辅年

---

① 田澍：《明代阁臣数考实》，《文献》2010 年第 3 期。

表二》中未列其名。"④作者之意可能在于说明殿阁大学士并不等同于阁臣。诚如是，明代阁臣就不是164人了。谭天星在《明代内阁政治》中说："从明代的一百六十四位阁臣来看，权相不是太多，而是太少"；又说："明代受命参预机务的阁臣共有一百六十三人"，并注云："实际在阁阁臣只有162"；而在它处又言："以在阁任职的一百六十一名阁臣计，平均任期为五年。"⑤这样，作者在同一书中使用了4种数据。为了说明这4种数据的不同，作者采用了不同的表述，如"阁臣"、"受命参预机务的阁臣"、"实际在阁阁臣"、"在阁任职阁臣"等。但这些表述仍然是含混的。凡是阁臣都是受命参预机务的，而"实际在阁"与"在阁任职"其实是一回事。

综上所述，学术界对于明代阁臣数至少有5种不同说法，即：170人说，164人说，163人说，162人说和161人说。造成以上歧异的原因是什么呢？笔者认为，一是没有弄清殿阁大学士与阁臣之间的关系，故无一贯之标准，使用时常常将两者混为一谈；二是把皇帝简用阁臣的诏令等同于已入阁参预机务的行为。

在如何看待殿阁大学士与阁臣关系问题上，方志远在《论明代内阁制度的形成》一文中写道："仁宗即位后，授杨士奇等殿阁大学士衔。但这时的殿阁大学士尚非阁臣的专称。洪熙时，权谨曾为文华殿大学士；宣德时，也曾命张瑛、陈山为华盖、谨身殿大学士，《明史》均列入宰辅年表。实则三人并未预内阁事。仁宗曾明谕权谨：'朕之除卿，嘉其孝，以风天下之为人子者。他非卿责。'可见，当时的殿阁大学士有两种情况：一是褒节义、待故旧，无关政本；一是冠阁臣，以崇其地位。二者名称虽同，实质则异。正统以后，入内阁者虽不一定兼大学士，但大学士则非入内阁者不授。这样，内阁机构和大学士殿号方合二而一，殿阁大学士成为阁臣的专称。"⑥此论虽非确当，但作者将殿阁大学士与阁臣的关系予以专门论述，却是十分必要的。

笔者认为，要对殿阁大学士和阁臣作出严格的区分，关键的问题在于具有殿阁大学士头衔者是否入值文渊阁参预机务。从弘治时起，全部阁臣都有殿阁大学士的头衔，但具有殿阁大学士头衔者并不一定入值文渊阁参预机务。有明一代，殿阁大学士与阁臣之间并非等同之关系。殿阁大学士既可用于入阁者的头衔，也可用来褒奖忠孝或追赠有功之臣，具有多种政治用途。而阁臣只能是指具有入值文渊阁参预机务的经历者。杜婉言在《中国政治制度通史》第九卷中说：正统初年，"新入阁的虽然仍是讲读官，阁臣也并不都是大学士，但殿阁大学士开始成了阁臣的专称。"⑦说阁臣并不都是大学士是正确的，但谓殿阁大学士从正统初年开始成为阁臣之专称则于史实不符。谭天星认为"把内阁预机务的大学士称为内阁大学士也并非不可"⑧。但问题是，入阁参预机务者并非全有殿阁大学士头衔，故确定阁臣身份的标准只有一条，那就是入值文渊阁参预机务的经历，即在文渊阁任职，而非殿阁大学士的头衔⑨。

为了确保统计结果的准确性，本文先按朝代分别考述，然后在此基础上予以总汇。

永乐朝简用阁臣共计7人，即解缙、黄淮、胡广、杨荣、胡俨、杨士奇和金幼孜。其中解缙与胡俨2人无殿阁大学士头衔。

仁宗即位时，前朝遗留阁臣有杨士奇、杨荣、金幼孜和黄淮等4人。洪熙元年（1425）三月，仁宗任命权谨为文华殿大学士，权谨上疏辞谢，仁宗说："朕擢卿以风天下为子者，他非卿责也。"⑩《明史稿·宰辅年表》亦载权谨"以孝行由光禄丞授文华殿大学士，不治事"。由于权谨没有入值文渊阁参预机务，故不能将他列入明代阁臣之中。这样，仁宗在位期间没有新入阁臣。谭天星所谓"除永乐朝外，每朝都有新任阁臣"⑪是不妥的。

宣宗即位时的阁臣仍为杨士奇、杨荣、金幼孜和黄淮4人。即位之后，先后令杨溥、张瑛、陈山3人入值文渊阁。3人都有殿阁大学士头衔。宣德四年（1429）十月，宣宗将张瑛和陈山2人调出内阁，解除其阁职。据《三朝圣谕录》载："宣德四年十月，一日朝罢，（杨士奇）侍上于左顺门，遥望见大学士陈山。上曰：'汝试言山为人。'对曰：'君父有问，不敢不尽诚以对。山虽侍从陛下久，然其人寡学多欲而昧于大体，非君子也。'上曰：'然，赵王事几为所误，朕已甚薄之。近闻渠于诸司日有干求不厌，当不令溷内阁也。'盖上初临御，以山及张瑛东宫旧臣，俱升内阁视事。二人行相类，至是浸闻于上。数日后，有旨调瑛南京礼部，山专教内竖，俱罢内阁之任，朝士皆颂上明决。"⑫《明史·杨士奇传》亦言："帝之初即位也，内阁臣七人。陈山、张瑛以东宫旧恩入，不称，出为他官。"由此可见，张瑛、陈山二人曾入值文渊阁参预机务，后因故调出，是名副其实的阁臣。方志远将张、陈二人与权谨相提并论，认为他们"未预内阁事"的说法是不符合史实的。

英宗即位时的阁臣是杨士奇、杨荣和杨溥3人。新任阁臣先后有马愉、曹鼐、陈循、苗衷、高穀和张益等6人，其中只有陈循和高穀2人有殿阁大学士头衔。死于土木堡之变的曹鼐被景帝追赠文渊阁大学士。

景帝监国时的阁臣为陈循、苗衷和高穀3人。即位后新任阁臣有商辂、彭时、俞纲、江渊、王一宁、萧镃和王文等7人。其中彭时、商辂和王文3人有殿阁大学士衔。按：彭时是在正统十四年（1449）八月景帝监国时首次入阁的。《明史·彭时传》载：彭时于"正统十三年进士第一，授修撰。明年，成王监国，令同商辂入阁预机务。"两人"从学士陈循、高穀举也。时辞，王不从"⑬。谭天星认为彭时是正统十四年五月入阁的⑭，这与史实不符。

英宗在复辟后的数日内，对前朝阁臣予以全面清洗。对王文、陈循、萧镃和商辂4人予以斩杀、谪戍、削职为民等处分。二十天后，高穀以"老疾"之故请求致仕，英宗许之⑮，故高毅应列入英宗复位时的旧阁臣中。此外，英宗又召彭时再次入阁，这样天顺时的旧阁臣应为 2 人。英宗新任阁臣有徐有贞、许彬、薛瑄、李贤、吕原、岳正和陈文，其中徐有贞、李贤、陈文 3 人有殿阁大学士衔。

宪宗即位时的阁臣有李贤、陈文和彭时 3 人。成化三年（1467）三月又召商辂入阁，总计旧阁臣 4 人。新任阁臣为刘定之、万安、刘珝、刘吉、彭华、尹直等 6 人。其中刘定之、彭华、尹直 3 人无殿阁大学士衔。

孝宗即位时的阁臣为万安、刘吉和尹直 3 人。尽管万安和尹直两人在孝宗即位后不久被解除阁职，但在解除之前仍旧入值文渊阁参预机务。《明孝宗实录》载："会孝庙即位，有诏不许言官风闻纠劾，众遂哗然，谓诏草乃安所为，以自为己地者。适御史汤鼐诣内阁，安语以故曰：'此里面意也。'鼐因奏：'古之大臣，善则归君，过则归己。今安过则归君，无大臣体，奸邪不可用。'不报。而庶吉士邹智又劾之。智亦蜀人，安雅所爱者。由是御史文贵、姜洪等列安十罪极论之，至有'面似千层铁甲，心如九曲黄河'之语，'老瓢老象'之谣。即日中官至内阁摘去牙牌，勒令致仕，中外称快。"⑯尹直也是在进士李文祥，御史汤鼐、姜洪，庶吉士邹智等人连章弹劾下而致仕的⑰。谭天星将孝宗时旧选阁臣计为 1 人是不妥的⑱。孝宗新任阁臣为徐溥、刘健、丘濬、李东阳和谢迁 5 人，他们皆有殿阁大学士衔。从此以后，阁臣均冠以殿阁大学士衔。

武宗即位时的阁臣有刘健、李东阳和谢迁 3 人。新任阁臣为焦芳、王鏊、杨廷和、刘宇、曹元、刘忠、梁储、费宏、靳贵、杨一清、蒋冕和毛纪等 12 人。谭天星一面在列表中将正德时新选阁臣标为 12 人，一面又说"正德（1506—1521）的十六年中，新任阁臣十三人"，显然后者是错误的。

世宗即位时的阁臣有杨廷和、梁储、蒋冕和毛纪 4 人，即位后起用先朝阁臣杨一清、费宏、谢迁 3 人，总计旧阁臣 7 人。谭天星认为嘉靖时旧阁臣为 6 人，不知根据为何。笔者推测作者可能未将梁储计入其内。梁储是在世宗即位后的第十五天致仕的，将其排除旧阁臣之外是不妥的。世宗新任阁臣有袁宗皋、石珤、贾泳、翟銮、张璁（后因避世宗名讳，改为孚敬）、桂萼、李时、方献夫、夏言、顾鼎臣、严嵩、许讚、张璧、张治、李本、徐阶、袁炜、严讷、李春芳、郭朴和高拱等 21 人。此外，还有两个特例，一是世宗于正德十六年（1521）九月追赠兴府已故左长史张景明为文渊阁大学士⑲；二是嘉靖六年（1527）礼部尚书席书以"目眚"之故乞休，世宗"怜其恳切，诏加武英殿大学士致仕，赐第宅京师调理"⑳。很明显，两人都不能计入阁臣之内，尤其是席书，仅仅是加以武英殿大学士衔致仕，而不是入值文渊阁参预机务。

穆宗即位时的阁臣为徐阶、李春芳、郭朴、高拱 4 人，新任阁臣为陈以勤、张居正、赵贞吉、殷士儋和高仪等 5 人。

神宗即位时的阁臣是高拱、高仪和张居正 3 人。谭天星将神宗时的旧阁臣计为 1 人，与史实不符。作者可能把高拱与高仪两人排除在外。按：神宗于隆庆六年（1572）六月初十日即位，高拱、高仪与张居正 3 人均为顾命大臣，其中高拱为首辅，主政内阁，曾"特请工部尚书朱衡督理河工、总理山陵事务"，神宗允准[21]。为了限制司礼太监冯保的权力，高拱"条奏请诎司礼权，还之内阁。又命给事中雒遵、程文合疏攻保，而己从中拟旨逐之。拱使人报居正，居正阳诺之，而私以语保。保诉于太后，谓拱擅权不可容，太后颔之。"[22]在神宗即位后的第七天，高拱被解除了阁职。时高仪已病，对高拱被逐一事只有"太息而已"[23]。七天之后，高仪病故。谭天星也认为高仪于"六月卒任"[24]，故高拱、高仪两人不应被排除在神宗时旧阁臣之外。神宗新任阁臣有吕调阳、张四维、马自强、申时行、余有丁、许国、王锡爵、王家屏、赵志皋、张位、陈于陛、沈一贯、沈鲤、朱赓、于慎行、李廷机、叶向高、方从哲、吴道南等 19 人。此外，神宗时还有潘晟 1 人未入阁，故不应计入阁臣之中。按：潘晟为张居正临终前所密荐，神宗同意后，便令其以武英殿大学士衔入值文渊阁。但此令甫下，即刻遭到科道官的群体反对，指责其"廉耻尽捐"、"秽迹昭彰"、"舆情共恶"，潘晟被迫上疏辞职。十天后，神宗"遂令新衔致仕"[25]。

光宗在位仅有一月时间，即位时的阁臣为方从哲 1 人。新任阁臣是刘一燝和韩爌 2 人。光宗任命而未入阁者有史继偕、沈潅、何宗彦、朱国祚 4 人，故不计入光宗新入阁臣数中。

熹宗即位时的阁臣是方从哲、刘一燝和韩爌 3 人，即位后催召叶向高入阁，直至天启元年（1621）十月，叶向高才入阁。由于史继偕、沈潅、何宗彦和朱国祚 4 人是在熹宗时首次入阁的，故应将其计入熹宗新任阁臣数中。此外，熹宗新任阁臣还有孙如游、孙承宗、顾秉谦、朱国祯、朱延禧、魏广微、周如磐、黄立极、丁绍轼、冯铨、施凤来、张瑞图、李国槽等 13 人。总计新任阁臣17 人。

崇祯皇帝即位时的阁臣有黄立极、施凤来、张瑞图和李国槽 4 人。即位后，又先后召韩爌、孙承宗 2 人入阁，共计旧阁臣 6 人。新任阁臣有来宗道、杨景辰、周道登、钱龙锡、李标、刘鸿训、成基命、周延儒、何如宠、钱象坤、温体仁、吴宗达、郑以伟、徐光启、钱士升、王应熊、何吾驺、文震孟、张至发、林釬、黄士俊、孔贞运、贺逢圣、刘宇亮、傅冠、薛国观、程国祥、杨嗣昌、方逢年、蔡国用、范复粹、姚明恭、张四知、魏照乘、谢陞、陈演、蒋德璟、黄景昉、吴甡、魏藻德、李建泰、方岳贡、范景文和丘瑜等 44 人。谭天星说："崇祯朝新任阁臣四十六人"，但在表格中所列崇祯朝"新任"阁臣数又为 44 人[26]。显然前者是错误的。

以上考述结果，可用列表方式予以汇总。为了便于比较，将谭天星《明代内阁政治》（简称"谭著"）中的有关数据[20]一并列入下表：

年号	谭著中的数据			本文考证数据					
	总数	旧选	新选	在阁数	原有	召复	新入阁	追赠	大学士
永乐	7	/	7	7	/	/	7	/	5
洪熙	4	4	/	4	4	/	/	/	/
宣德	7	4	3	7	4	/	3	/	3
正统	9	3	6	9	3	/	6	/	2
景泰	10	3	7	10	3	/	7	1	3
天顺	8	1	7	9	1	/	7	/	3
成化	10	4	6	10	3	1	6	/	3
弘治	6	1	5	8	3	/	5	/	5
正德	15	3	12	15	3	/	12	/	12
嘉靖	28	6	22	28	4	3	21	1	21
隆庆	9	4	5	9	4	/	5	/	5
万历	21	1	20	22	3	/	19	/	19
泰昌	8	2	6	3	1	/	2	/	2
天启	21	8	13	21	3	1	17	/	17
崇祯	50	6	44	50	4	2	44	/	44
总计	213	50	163	212	43	8	161	2	144

说明：（1）"年号"是指该皇帝在位时间。"景泰"从景帝监国时算起。

（2）"在阁数"是指新、旧阁臣的总和。

（3）"原有"是指该皇帝即位时先朝遗留在阁者。

（4）"召复"是指该皇帝即位后，对先朝离职阁臣的起用。

（5）"新入阁"是指首次入阁者。

（6）"大学士"是指在阁者中第一次所获得的殿阁大学士衔数。

至此，就可以得出如下结论：

1. 明代阁臣总数为 161 人，其中有殿阁大学士衔者 144 人。

2. 按一人仕一帝为 1 人次计，明代阁臣共 212 人次。

3. 明代仕两朝及两朝以上阁臣共计 51 人次，其中仕两朝者 29 人，仕三朝者 8 人，仕四朝者 2 人。

注释：

①王天有：《明代国家机构研究》，北京大学出版社，1992，第 45 页。

②关文发、颜广文：《明代政治制度研究》，中国社会科学出版社，1996，第 42 页。

③张晋藩主编《中国官制通史》，中国人民大学出版社，1992，第 516、501、503 页。

④王其榘：《明代内阁制度史》，中华书局，1989，第 378、383、406 页。

⑤谭天星：《明代内阁政治》，中国社会科学出版社，1996，第176、187、197页。

⑥方志远：《论明代内阁制度的形成》，载《文史》第33辑，中华书局，1990，第233页。

⑦白钢主编，杜婉言、方志远著：《中国政治制度通史》第9卷，人民出版社，1996，第80页。

⑧谭天星：《明代内阁政治》，中国社会科学出版社，1996，第38页。

⑨田澍：《明代殿阁大学士非阁臣代名词》，《中国史研究》2005年第1期。

⑩张廷玉：《明史》卷二九六《权谨传》，中华书局，1974，第7595页。

⑪谭天星：《明代内阁政治》，中国社会科学出版社，1996，第205页。

⑫杨士奇：《三朝圣谕录》下，载邓士龙辑，许大龄、王天有点校：《国朝典故》，北京大学出版社，1993，第1100页。

⑬《明英宗实录》卷一八一，正统十四年八月丙子，台湾"中央研究院"历史语言研究所校印本，第3534页。

⑭谭天星：《明代内阁政治》，中国社会科学出版社，1996，第254页。

⑮《明英宗实录》卷二七五，天顺元年二月庚子，台湾"中央研究院"历史语言研究所校印本，第5838页。

⑯《明孝宗实录》卷二四，弘治二年三月己巳，台湾"中央研究院"历史语言研究所校印本，第546—547页。

⑰张廷玉：《明史》卷一六八《尹直传》，中华书局，1974，第4531页。

⑱谭天星：《明代内阁政治》，中国社会科学出版社，1996，第206页。

⑲《明世宗实录》卷六，正德十六年九月丙子，台湾"中央研究院"历史语言研究所校印本，第262页。

⑳《明世宗实录》卷七三，嘉靖六年二月壬子，台湾"中央研究院"历史语言研究所校印本，第1644页。

㉑《明神宗实录》卷二，隆庆六年六月戊辰，台湾"中央研究院"历史语言研究所校印本，第32页。

㉒张廷玉：《明史》卷二一三《高拱传》，中华书局，1974，第5642页。

㉓张廷玉：《明史》卷一九三《高仪传》，中华书局，1974，第5128页。

㉔谭天星：《明代内阁政治》，中国社会科学出版社，1996，第262页。

㉕《明神宗实录》卷一二五，万历十年六月庚戌，台湾"中央研究院"历史语言研究所校印本，第7页。

㉖谭天星：《明代内阁政治》，中国社会科学出版社，1996，第198、206页。

㉗谭天星：《明代内阁政治》，中国社会科学出版社，1996，第206页。

二、参考文献著录

内阁是明代政治制度史研究中的热点问题之一。从明成祖简用解缙、黄淮等翰林官员入值文渊阁参预机务时起，直至崇祯皇帝亡国，明代阁臣几何，学界说法不一，故有必要予以考述，作出准确统计。

王天有在《明代国家机构研究》中说："历朝在阁任职人数二〇一人次，翰林出身一六四人次。如果把连任两朝、三朝者以一人统计，总共一六二人。"[1]45 关文发则认为明代阁臣有 163 人，他在《明代政治制度研究》一书中说："据《明史·宰辅年表》统计，自成祖肇建内阁至明亡止，阁臣凡 163人。"[2]42 怀效锋在《中国官制通史》一书中互用"内阁大学士"和"阁臣"两词，但没有明确两者之间的关系。在谈及明代阁臣数时说："明代一百七十位大学士中，尚书入阁者共有一百一十人，侍郎入阁者二十四人，翰林院官二十七人，其他出身的仅九人。"170 人的数据从何而来，不得而知。因为作者忽而说洪武时期是"内阁制度开始形成的时期"，忽而又说"明代内阁萌芽于洪武、永乐"时期[3]516、501、503。

不仅不同著作的统计数目各异，即就是同一著作，在前后文中所采用的数目也不一致。王其榘在《明代内阁制度史》一书中说：在"一百六十四个阁臣中，曾经担任过地方官只有二十九人"。同时，作者又为这 164 人编写了"简传"。在权谨简传中说："权谨虽被任命为文华殿大学士，并未入直过文渊阁。《明史·宰辅年表》列入，是不合适的。本书保留其名与事迹，仅仅是为便于查考。"在席书简传中又说："席书实际并未到阁理事，因此，在《明史·宰辅年表二》中未列其名。"[4]378、383、406 作者之意可能在于说明殿阁大学士并不等同于阁臣。诚如是，明代阁臣就不是 164 人了。谭天星在《明代内阁政治》中说："从明代的一百六十四位阁臣来看，权相不是太多，而是太少"；又说："明代受命参预机务的阁臣共有一百六十三人"，并注云："实际在阁阁臣只有 162"；而在它处又言："以在阁任职的一百六十一名阁臣计，平均任期为五年。"[5]176、187、197 这样，作者在同一书中使用了 4 种数据。为了说明这 4 种数据的不同，作者采用了不同的表述，如"阁臣"、"受命参预机务的阁臣"、"实际在阁阁臣"、"在阁任职阁臣"等。但这些表述仍然是含混的。凡是阁臣都是受命参预机务的，而"实际在阁"与"在阁任职"其实是一回事。

综上所述，学术界对于明代阁臣数至少有 5 种不同说法，即：170 人说，164 人说，163 人说，162 人说和 161 人说。造成以上歧异的原因是什么呢？笔者认为，一是没有弄清殿阁大学士与阁臣之间的关系，故无一贯之标准，使用时常常将两者混为一谈；二是把皇帝简用阁臣的诏令等同于已入阁参预机务的行为。

在如何看待殿阁大学士与阁臣关系问题上，方志远在《论明代内阁制度的形成》一文中写道："仁宗即位后，授杨士奇等殿阁大学士衔。但这时的殿阁大学士尚非阁臣的专称。洪熙时，权谨曾为文华殿大学士；宣德时，也曾命张瑛、陈山为华盖、谨身殿大学士，《明史》均列入宰辅年表。实则三人并未预内阁事。仁宗曾明谕权谨：'朕之除卿，嘉其孝，以风天下之为人子者。他非卿责。'可见，当时的殿阁大学士有两种情况：一是褒节义、待故旧，无关政本；一是冠阁臣，以崇其地位。二者名称虽同，实质则异。正统以后，入内阁者虽不一定兼大学士，但大学士则非入内者不授。这样，内阁机构和大学士殿号方合二而一，殿阁大学士成为阁臣的专称。"[6]233 此论虽非确当，但作者将殿阁大学士与阁臣的关系予以专门论述，却是十分必要的。

笔者认为，要对殿阁大学士和阁臣作出严格的区分，关键的问题在于具有殿阁大学士头衔者是否入值文渊阁参预机务。从弘治时起，全部阁臣都有殿阁大学士的头衔，但具有殿阁大学士头衔者并不一定入值文渊阁参预机务。有明一代，殿阁大学士与阁臣之间并非等同之关系。殿阁大学士既可用于入阁者的头衔，也可用来褒奖忠孝或追赠有功之臣，具有多种政治用途。而阁臣只能是指具有入值文渊阁参预机务的经历者。杜婉言在《中国政治制度通史》第九卷中说：正统初年，"新入阁的虽然仍是讲读官，阁臣也并不都是大学士，但殿阁大学士开始成了阁臣的专称。"[7]80 说阁臣并不都是大学士是正确的，但谓殿阁大学士从正统初年开始成为阁臣之专称则于史实不符。谭天星认为"把内阁预机务的大学士称为内阁大学士也并非不可"[5]38。但问题是，入阁参预机务者并非全有殿阁大学士头衔，故确定阁臣身份的标准只有一条，那就是入值文渊阁参预机务的经历，即在文渊阁任职，而非殿阁大学士的头衔[8]。

为了确保统计结果的准确性，本文先按朝代分别考述，然后在此基础上予以总汇。

永乐朝简用阁臣共计7人，即解缙、黄淮、胡广、杨荣、胡俨、杨士奇和金幼孜。其中解缙与胡俨2人无殿阁大学士头衔。

仁宗即位时，前朝遗留阁臣有杨士奇、杨荣、金幼孜和黄淮等4人。洪熙元年（1425）三月，仁宗任命权谨为文华殿大学士，权谨上疏辞谢，仁宗说："朕擢卿以风天下为子者，他非卿责也。"[9]7595《明史稿·宰辅年表》亦载权谨"以孝行由光禄丞授文华殿大学士，不治事"。由于权谨没有入值文渊阁参预机务，故不能将他列入明代阁臣之中。这样，仁宗在位期间没有新入阁。谭天星所谓"除永乐朝外，每朝都有新任阁臣"[5]205 是不妥的。

宣宗即位时的阁臣仍为杨士奇、杨荣、金幼孜和黄淮4人。即位之后，先后令杨溥、张瑛、陈山3人入值文渊阁。3人都有殿阁大学士头衔。宣德四年（1429）十月，宣宗将张瑛和陈山2人调出内阁，解除其阁职。据《三朝圣谕录》载："宣德四年十月，一日朝罢，（杨士奇）侍上于左顺门，遥望见大学士陈山。上曰：'汝试言山为人。'对曰：'君父有问，不敢不尽诚以对。山虽侍从陛下久，然其人寡学多欲而昧于大体，非君子也。'上曰：'然，赵王事几为所误，朕已甚薄之。近闻渠于诸司日有干求不厌，当不令溷内阁也。'盖上初临御，以山及张瑛东宫旧臣，俱升内阁视事。二人行相类，至是浸闻于上。数日后，有旨调瑛南京礼部，山专教内竖，俱罢内阁之任，朝士皆颂上明决。"[10]1100《明史·杨士奇传》亦言："帝之初即位也，内阁臣七人。陈山、张瑛以东宫旧恩入，不称，出为他官。"由此可见，张瑛、陈山二人曾入值文渊阁参预机务，后因故调出，是名副其实的阁臣。方志远将张、陈二人与权谨相提并论，认为他们"未预内阁事"的说法是不符合史实的。

英宗即位时的阁臣是杨士奇、杨荣和杨溥3人。新任阁臣先后有马愉、曹鼐、陈循、苗衷、高穀和张益等6人，其中只有陈循和高穀2人有殿阁大学士头衔。死于土木堡之变的曹鼐被景帝追赠文渊阁大学士。

景帝监国时的阁臣为陈循、苗衷和高穀3人。即位后新任阁臣有商辂、彭时、俞纲、江渊、王一宁、萧镃和王文等7人。其中彭时、商辂和王文3人有殿阁大学士衔。按：彭时是在正统十四年（1449）八月景帝监国时首次入阁的。《明史·彭时传》载：彭时于"正统十三年进士第一，授修撰。明年，成王监国，令同商辂入阁预机务。"两人"从学士陈循、高穀举也。时辞，王不从"[11]3534。谭天星认为彭时是正统十四年五月入阁的[5]254，这与史实不符。

英宗在复辟后的数日内，对前朝阁臣予以全面清洗。对王文、陈循、萧镃和商辂4人予以斩杀、谪戍、削职为民等处分。二十天后，高穀以"老疾"之故请求致仕，英宗许之[11]5838，故高穀应列入英宗复位时的旧阁臣中。此外，英宗又召彭时再次入阁，这样天顺时的旧阁臣应为2人。英宗新任阁臣有徐有贞、许彬、薛瑄、李贤、吕原、岳正和陈文，其中徐有贞、李贤、陈文3人有殿阁大学士衔。

宪宗即位时的阁臣有李贤、陈文和彭时3人。成化三年（1467）三月又召商辂入阁，总计旧阁臣4人。新任阁臣为刘定之、万安、刘珝、刘吉、彭华、尹直等6人。其中刘定之、彭华、尹直3人无殿阁大学士衔。

孝宗即位时的阁臣为万安、刘吉和尹直3人。尽管万安和尹直两人在孝宗即位后不久被解除阁职，但在解除之前仍旧入值文渊阁参预机务。《明孝宗实录》载："会孝庙即位，有诏不许言官风闻纠劾，众遂哗然，谓诏草乃安所为，以自为己地者。适御史汤鼐诣内阁，安语以故曰：'此里面意也。'鼐因奏：'古之大臣，善则归君，过则归己。今安过则归君，无大臣体，奸邪不可用。'不报。而庶吉士邹智又劾之。智亦蜀人，安雅所爱者。由是御史文贵、姜洪等列安十罪极论之，至有'面似千层铁甲，心如九曲黄河'之语，'老瓢老象'之谣。即日中官至内阁摘去牙牌，勒令致仕，中外称快。"[12]546—547 尹直也是在进士李文祥，御史汤鼐、姜洪，庶吉士邹智等人连章弹劾下而致仕的[9]4531。谭天星将孝宗时旧选阁臣计为1人是不妥的[5]206。孝宗新任阁臣为徐溥、刘健、丘濬、李东阳和谢迁5人，他们皆有殿阁大学士衔。从此以后，阁臣均冠以殿阁大学士衔。

武宗即位时的阁臣有刘健、李东阳和谢迁3人。新任阁臣为焦芳、王鳌、杨廷和、刘宇、曹元、刘忠、梁储、费宏、靳贵、杨一清、蒋冕和毛纪等12人。谭天星一面在列表中将正德时新选阁臣标为12人，一面又说"正德（1506—1521）的十六年中，新任阁臣十三人"，显然后者是错误的。

世宗即位时的阁臣有杨廷和、梁储、蒋冕和毛纪4人，即位后起用先朝阁臣杨一清、费宏、谢迁3人，总计旧阁臣7人。谭天星认为嘉靖时旧阁臣为6人，不知根据为何。笔者推测作者可能未将梁储计入其内。梁储是在世宗即位后的第十五天致仕的，将其排除旧阁臣之外是不妥的。世宗新任阁臣有袁宗皋、石珤、贾泳、翟銮、张璁（后因避世宗名讳，改为孚敬）、桂萼、李时、方献夫、夏言、顾鼎臣、严嵩、许讚、张璧、张治、李本、徐阶、袁炜、严讷、李春芳、郭朴和高拱等21人。此外，还有两个特例，一是世宗于正德十六年（1521）九月追赠兴府已故左长史张景明为文渊阁大学士[13]262；二是嘉靖六年（1527）礼部尚书席书以"目眚"之故乞休，世宗"怜其恳切，诏加武英殿大学士致仕，赐第宅京师调理"[13]1644。很明显，两人都不能计入阁臣之内，尤其是席书，仅仅是加以武英殿大学士衔致仕，而不是入值文渊阁参预机务。

穆宗即位时的阁臣为徐阶、李春芳、郭朴、高拱4人，新任阁臣为陈以勤、张居正、赵贞吉、殷士儋和高仪等5人。

神宗即位时的阁臣是高拱、高仪和张居正3人。谭天星将神宗时的旧阁臣计为1人，与史实不符。作者可能把高拱与高仪两人排除在外。按：神宗于隆庆六年（1572）六月初十日即位，高拱、高仪与张居正3人均为顾命大臣，其中高拱为首辅，主政内阁，曾"特请工部尚书朱衡督理河工、总理山陵事务"，神宗允准[14]32。为了限制司礼太监冯保的权力，高拱"条奏请讪司礼权，还之内阁。又命给事中雒遵、程文合疏攻保，而已从中拟旨逐之。拱使人报居正，居正阳诺之，而私以语保。保诉于太后，谓拱擅权不可容，太后颔之。"[9]5642 在神宗即位后的第七天，高拱被解除了阁职。时高仪已病，对高拱被逐一事只有"太息而已"[9]5128。七天之后，高仪病故。谭天星也认为高仪于"六月卒任"[5]262，故高拱、高仪两人不应被排除在神宗时旧阁臣之外。神宗新任阁臣有吕调阳、张四维、马自强、申时行、余有丁、许国、王锡爵、王家屏、赵志皋、张位、陈于陛、沈一贯、沈鲤、朱赓、于慎行、李廷机、叶向高、方从哲、吴道南等 19 人。此外，神宗时还有潘晟 1 人未入阁，故不应计入阁臣之中。按：潘晟为张居正临终前所密荐，神宗同意后，便令其以武英殿大学士衔入值文渊阁。但此令甫下，即刻遭到科道官的群体反对，指责其"廉耻尽捐"、"秽迹昭彰"、"舆情共恶"，潘晟被迫上疏辞职。十天后，神宗"遂令新衔致仕"[14]7。

光宗在位仅有一月时间，即位时的阁臣为方从哲 1 人。新任阁臣是刘一燝和韩爌 2 人。光宗任命而未入阁者有史继偕、沈淮、何宗彦、朱国祚 4 人，故不计入光宗新入阁臣数中。

熹宗即位时的阁臣是方从哲、刘一燝和韩爌 3 人，即位后催召叶向高入阁，直至天启元年（1621）十月，叶向高才入阁。由于史继偕、沈淮、何宗彦和朱国祚 4 人是在熹宗时首次入阁的，故应将其计入熹宗新任阁臣数中。此外，熹宗新任阁臣还有孙如游、孙承宗、顾秉谦、朱国祯、朱延禧、魏广微、周如磐、黄立极、丁绍轼、冯铨、施凤来、张瑞图、李国槽等 13 人。总计新任阁臣 17 人。

崇祯皇帝即位时的阁臣有黄立极、施凤来、张瑞图和李国槽 4 人。即位后，又先后召韩爌、孙承宗 2 人入阁，共计旧阁臣 6 人。新任阁臣有来宗道、杨景辰、周道登、钱龙锡、李标、刘鸿训、成基命、周延儒、何如宠、钱象坤、温体仁、吴宗达、郑以伟、徐光启、钱士升、王应熊、何吾驺、文震孟、张至发、林钎、黄士俊、孔贞运、贺逢圣、刘宇亮、傅冠、薛国观、程国祥、杨嗣昌、方逢年、蔡国用、范复粹、姚明恭、张四知、魏照乘、谢陞、陈演、蒋德璟、黄景昉、吴甡、魏藻德、李建泰、方岳贡、范景文和丘瑜等 44 人。谭天星说："崇祯朝新任阁臣四十六人"，但在表格中所列崇祯朝"新任"阁臣数又为 44 人[5]198、206。显然前者是错误的。

以上考述结果，可用列表方式予以汇总。为了便于比较，将谭天星《明代内阁政治》（简称"谭著"）中的有关数据[5]206 一并列入下表：

年号	谭著中的数据			本文考证数据					
	总数	旧选	新选	在阁数	原有	召复	新入阁	追赠	大学士
永乐	7	/	7	7	/	/	7	/	5
洪熙	4	4	/	4	4	/	/	/	/
宣德	7	4	3	7	4	/	3	/	3
正统	9	3	6	9	3	/	6	/	2
景泰	10	3	7	10	3	/	7	1	3
天顺	8	1	7	9	1	1	7	/	3
成化	10	4	6	10	3	1	6	/	3

续表

年号	谭著中的数据			本文考证数据					
	总数	旧选	新选	在阁数	原有	召复	新入阁	追赠	大学士
弘治	6	1	5	8	3	/	5	/	5
正德	15	3	12	15	3	/	12	/	12
嘉靖	28	6	22	28	4	3	21	1	21
隆庆	9	4	5	9	4	/	5	/	5
万历	21	1	20	22	3	/	19	/	19
泰昌	8	2	6	3	1	/	2	/	2
天启	21	8	13	21	3	1	17	/	17
崇祯	50	6	44	50	4	2	44	/	44
总计	213	50	163	212	43	8	161	2	144

说明：（1）"年号"是指该皇帝在位时间。"景泰"从景帝监国时算起。

（2）"在阁数"是指新、旧阁臣的总和。

（3）"原有"是指该皇帝即位时先朝遗留在阁者。

（4）"召复"是指该皇帝即位后，对先朝离职阁臣的起用。

（5）"新入阁"是指首次入阁者。

（6）"大学士"是指在阁者中第一次所获得的殿阁大学士衔数。

至此，就可以得出如下结论：

1.明代阁臣总数为161人，其中有殿阁大学士衔者144人。

2.按一人仕一帝为1人次计，明代阁臣共212人次。

3.明代仕两朝及两朝以上阁臣共计51人次，其中仕两朝者29人，仕三朝者8人，仕四朝者2人。

[参考文献]

[1] 王天有.明代国家机构研究 [M]. 北京：北京大学出版社，1992.

[2] 关文发，颜广文.明代政治制度研究 [M]. 北京：中国社会科学出版社，1996.

[3] 张晋藩.中国官制通史 [M]. 北京：中国人民大学出版社，1992.

[4] 王其榘.明代内阁制度史 [M]. 北京：中华书局，1989.

[5] 谭天星.明代内阁政治 [M]. 北京：中国社会科学出版社，1996.

[6] 方志远.论明代内阁制度的形成 [A] // 文史：第33辑.北京：中华书局，1990：233.

[7] 白钢.中国政治制度通史 [M]. 北京：人民出版社，1996.

[8] 田澍.明代殿阁大学士非阁臣代名词 [J]. 中国史研究，2005（1）.

[9] 张廷玉.明史 [M]. 北京：中华书局，1974.

[10] 邓士龙.国朝典故 [M]. 北京：北京大学出版社，1993.

[11] 明英宗实录 [M]. 台北：台湾"中央研究院"历史语言研究所校印本.

[12] 明孝宗实录 [M]. 台北：台湾"中央研究院"历史语言研究所校印本.

[13] 明世宗实录 [M]. 台北：台湾"中央研究院"历史语言研究所校印本.

[14] 明神宗实录 [M]. 台北：台湾"中央研究院"历史语言研究所校印本.

通过比较分析，可以看出，引文注释标注与参考文献著录虽然有相通的地方，但也有很大的不同之处。

第一，引文注释标注与参考文献著录都是顺序编码，即以引用文献在文中出现的顺序从前往后编码。不同的是，注释所使用的是圆圈，参考文献使用的是方括号。需要指出的是，在引文注释标注方式中，尾注中同一文献名可反复出现，并按出现顺序予以标注；而在参考文献著录方式中，同一文献名只能出现一次，只能有一个序号，其页码、篇名等变量在正文中标注。具体而言，在引文注释中，引用的部分出现一次，则注释一次，直至文章结束，而参考文献以文章引用文献出现的顺序编码，如果同一篇文章被引用了多次，只在第一次引用时注明，在同一文章中出现时，不管在什么位置，只注明参考文献的序号。如第⑤个注释，引用的内容与第⑧个注释相同，在参考文献著录格式中，因为出现过此文献，所以在正文中还是将其著录为 [5]，但在注释中却是随着之前引文的序号递增。所以，同一段文字，用注释引用了 25 次文献，就有 25 个注，但用参考文献著录，因为只引用了 13 篇文献，所以也就只著录 13 篇参考文献。

第二，引用图书时，引文注释标注与参考文献著录都注明页码，但方式不同，每条注释后都要明确说明页码。但因为参考文献所列的是文献名，所以不注明页码，而在正文中文献引用序号后注明。如注释为："谭天星：《明代内阁政治》，中国社会科学出版社，1996 年，第 176、187、197 页。"而参考文献为："谭天星：《明代内阁政治》，中国社会科学出版社，1996 年。"在正文中对应位置，又标明"[5] 176、187、197"。

第三，注释标注与参考文献著录最大的不同是，参考文献后面有文献标识，而注释没有。对不同的文献载体，参考文献都规定有不同的文献标识，这是与引文注释最大的不同之处。如果要求用参考文献著录，初学者一定要认真核对原文献类型，然后查对原文献所对应文献标识，确保能够正确标识。

第四，参考文献著录格式中的作者和文献标识，在文献结尾，用实心小圆点标记。需要注意的是，这不是中文状态下的标点符号，而是标记符号，输入时将输入法切换至英文状态下，输入英文状态下的句号，或者在中文输入法中，将标点符号切换为英文状态，再输入句号。

第五，参考文献著录格式中，出版社前加出版地，这相对于以往注释不标明出版地的做法是进步的。虽然大多数出版社都只有一个出版地，但也有出版社有不同的出版地，如果不注明出版地，就不利于更加精确地检索文献。如商务印书馆，北京、上海、香港都有其出版地，不注明具体出版地，对读者而言，就难以准确找到引用资料的出处。

◀ 思考题 ▶

1. 注释分为哪几种？注释的方法有哪些？

2. 引文注释与参考文献最大的区别在哪里？

3. 选择期刊上的一篇文章，把以引文注释标注的改为参考文献著录，把以参考文献著录的改为引文注释标注。

第九章
论文答辩与修改

学生进行论文写作训练的目的，是最终能够写出一篇有一定价值的学术论文，通过答辩，完成学业。论文答辩是学生完成学业必需的环节，要想在答辩时有更好的发挥，不仅要写出高水平的文章，而且应了解答辩的程序，掌握答辩的技巧。

第一节　论文答辩的重要性

论文答辩是一种有组织、有准备、有计划、有规定的正规的论文审查的过程。在论文答辩过程中，按照答辩程序，答辩委员会就论文提出相关问题，由论文作者当面回答问题，或与答辩委员辩论。

一、论文答辩的特点

就论文答辩而言，它不同于普通的回答问题，也不同于其他形式的辩论，论文答辩有其独特的特点。

论文答辩以答为主，以辩为辅。答辩是辩论的一种。辩论分为竞赛式辩论、对话式辩论和问答式辩论三种形式，答辩即问答式辩论的简称。答辩是由答辩委员会成员提出问题，论文作者做出回答。就某一问题，答辩委员会成员可能与作者持不同或者是截然相反的观点，这时论文作者可以依据自己的理解与答辩老师就某一问题进行辩论。一般而言，因为答辩委员会的成员往往为专业领域内的专家，其学识广博、见识高明，对某一问题的看法要相对成熟一些。

论文答辩是对论文内容的现场评议。论文的作者是应试的考生，而专家组成的答辩委员会则是考官。在答辩中，答辩委员会始终处于主动、审查的地位，论文的作者始终处于被审查的地位。评议的流程就是答辩委员会成员一方面就论文本身提出问题，另一方面也可以就某一问题与作者进行辩论。

论文答辩需要作者提前做诸多准备。论文作者一般事先将论文通过答辩秘书送给答辩委员会成员审阅，答辩老师要有充足的时间来阅读文章，熟悉作者的观点，找出论文的优缺点。由于学生不知道答辩老师会从哪些方面来提问，这就要求学生在答辩之前要做充分、认真的准备，就自己所写的论文及有关问题进行广泛的思考。

二、论文答辩的目的

论文答辩的目的，对于组织者与答辩者是不同的。学生所在单位组织答辩的目的，首先是对学生论文的真实性和学生的科研能力做出评判，就学生对所要论述到的主题的认识程度和当场论证问题的能力做出检验，就论文作者对专业知识的广度和深度做出考查。

审查论文的真实性是论文答辩的主要目的。审查论文的真实性，是审查论文是否为作者独立完成的，有无抄袭或找人代笔等情况。论文写作不同于课程教学，是一项实践性极强的活动，不可能采取闭卷考试的方式进行考核。个别学生平时疏于专业知识的学习，理论水平不够，资料积累不足，在论文写作过程中，选不出适合自己水平的题目，论文写作难度较大，就胡乱拼凑别人的成果或是从互联网上下载现成的文章，甚至直接找人代笔。答辩时，通过答辩委员会的提问和论文作者的当面回答，就能有效地检验论文是否原创、是否为作者自己完成。一般来说，一篇论文如果不是自己完成的，问及其所涉及内容的基本问题时，答辩者回答不上来的概率较大，最终会露出马脚，这样的学生自然是不能通过答辩的。因此，答辩亦有杜绝学生抄袭、代写论文的作用。

答辩还可以考查学生对所研究问题的认识能力。论文能够基本反映学生对所研究问题的认识水平、研究层次。但一篇文章的篇幅毕竟有限，不能全面反映出作者的所有研究心得。有些问题可能没有展开具体论述，有些问题可能与论述的主题关系很大，作者对此已有了深入的思考，但受篇幅所限，未能在文章中反映出来，还有些问题可能是作者未能深入研究而刻意回避的问题。通过答辩委员们的提问和答辩，就可以进一步了解作者对所研究问题的认识理解程度，进一步考察作者专业知识的深度和广度。

对于答辩者来说，答辩的直接目的就是能够符合相关要求，按期毕业，获得学位。学生要顺利通过答辩，就必须了解答辩的目的，做一些有针对性的准备工作，对论文中相关的问题做进一步的梳理，以便在答辩中能用简明的语言陈述文章内容或回答答辩委员们提出的问题。

三、论文答辩的意义

顺利地通过答辩是学生参加论文答辩的直接目的，但如果对答辩的认识仅仅局限于此，以消极的态度应对，则不利于充分发挥作者的能动性。只有充分认识论文答辩的意义，才会以积极的姿态和满腔的热忱投入到答辩中，充分发挥自己的水平，答辩才能取得良好的效果。答辩者应该认识到以下几点：

第一，论文答辩是全面展示个人素质的最佳机会。答辩时学生不仅仅展示了自己的写作水平，更重要的是通过陈述文章内容和回答老师的提问，全面展示自己的勇气、自信、风度、思辨能力和表述能力等。面对答辩委员的提问，答辩者要做到镇定自若，客观、理性地陈述自己的观点，以期获得答辩老师的认可。大学生应该珍惜这一难得的机会，认真应对，不可马虎从事，敷衍塞责。

第二，论文答辩是学生向答辩老师学习的好机会。一篇论文由于受作者认识能力和语言表达能力的限制，不可避免地存在一些缺陷和不足。对于论文的不足，有的学生意识到了，但限于自身的水平而无法继续深入地研究下去，而有的学生则根本没有意识到。答辩老师通过启发式的提问和针对性的点评，会使学生明白论文存在的问题和如何解决这些问题。对于自己还没有搞清楚的问题，答辩者还可以直接请求答辩老师予以指点。一篇水平一般的论文，经过答辩，作者听取老师的意见修改后，其质量会有一定的提高。有些已经写得较好的论文，经答辩老师的点拨，作者认真修改后，其学术价值也会有进一步的提升。

第三，通过论文答辩，可以提升答辩者的专业素养。通过大学学习，学生基本掌握了专业理论与专业知识，具备了一定的理论水平和科研能力，在论文选题时，一般都会选择感兴趣、史料积累丰富的题目。为了应对答辩，学生在答辩前就需要认真准备，仔细审查文章的基本观点是否有问题，论证是否充分，有无遗漏之处。如果发现问题，就得继续搜集与此相关的资料，这个过程本身就是增长知识和提高科研能力的过程。

答辩委员会的成员有较高的专业素养，经过他们的指点，答辩者会受益匪浅，文章的质量会得到大幅度的提高。论文的答辩，可以说是同领域的专家给答辩者论文的集体"会诊"，能够发现问题，对其不足有较为准确的判断，有助于学生做进一步的思考。

总之，答辩中提出的问题，不在于作者在当场是否能做出完美回答，而在于通过回答这些问题，学到更多的知识，引发更多的思考，对进一步完善论文会起到积极的作用。

第二节　论文答辩的程序及应对

论文答辩是一种特殊的教学活动，为了充分发挥论文答辩对学生论文质量和水平的考查与评价功能，答辩有着严格的组织程序，必须按照一定步骤和方式进行，学生只有充分了解答辩的程序，按要求准备，才能在答辩中有较好的表现。

一、论文答辩的一般程序

（一）预备工作阶段

答辩前由所在单位选定相关专家组成答辩委员会，并从答辩委员中选出一位专家担任答辩委员会主席，确定答辩秘书和答辩时间，安排答辩地点。答辩地点的布置，总的要求是空间大小适中、庄重严肃，可以选择在会议室、办公室或教室。答辩地点要有较多的座位，以便旁听，最好配备多媒体设备，以便答辩者在答辩过程中使用，必要时还要准备录音、录像设备，对整个答辩过程录音、录像。

学生在答辩前，要将经过指导老师审查定稿的论文打印若干份（确保每位答辩老师人手一份），提交给答辩委员，以便答辩委员审读文章，拟定问题。

（二）正式答辩阶段

正式答辩分为以下几个环节：

宣布开始。由答辩委员会主席宣布答辩开始，并向学生介绍答辩委员会成员的姓名、职务和职称等情况，说明答辩程序、相关要求和注意事项，规定答辩顺序。答辩开始后，由答辩秘书负责全场答辩的记录工作。必要时，答辩秘书对答辩过程要录音、录像。

学生陈述。答辩学生首先要向答辩委员会做一简单的自我介绍，接下来是对文章内容的陈述，包括概述文章选题的目的、依据和意义，介绍论文的主要论点和论据，文章的创新之处和已解决的问题。答辩学生陈述时应采取口述的方式，做到观点明确、重点突出、思路清晰、详略得当、简明扼要；同时要做到语言清晰、语速适中，态度镇定自若、声音洪亮。时间应控制在答辩主席限定的范围之内。

老师提问。学生陈述结束后，由答辩老师就文章的内容提出问题。提问后，一种情况是让学生准备一段时间后再当面作答，另一种情况是要求学生立即回答。提问的主要是与论文相关的内容，答辩委员一般不会提出偏离论文的问题。

学生进行回答或申辩。学生就答辩委员会提出的问题逐一做出回答，如果答辩老师与自己的观点相左，可以申辩，但应注意说话的语气与方式。在回答完问题之后，答辩老师就学生的回答进行点评。双方交流完毕后，如果答辩委员没有别的意见，答辩主席宣布学生退场，等待答辩委员会合议后宣布答辩评议结果。

（三）后续工作阶段

合议学生成绩。学生离场后，答辩老师就每位学生在答辩时的优点与缺点，以无记名投票的方式给答辩学生打分。答辩成绩一般实行"五等级制"成绩：优秀（90—100分）；良好（80—89分）；中等（70—79分）；及格（60—69分）；不及格（60分以下）。最后由答辩秘书汇总每位学生的平均成绩。

宣布成绩。合议结束后，答辩秘书召回答辩学生，由答辩主席宣布学生成绩，并就本次答辩进行总评。总评的内容包括对本场答辩的总体看法、取得的成绩、存在的不足、对学生的要求与期望等内容。

二、答辩老师的提问

答辩老师一般从以下几个方面提出问题：一是围绕论文的真实性提出问题，如让作者介绍文章的主要思想，论文涉及的问题及当前学术界的基本观点，以探查学生对相关问题的了解程度，从而考察论文是否为答辩者本人自己所写。二是围绕论文的薄弱环节提问，如属于该课题必须涉及的问题，但论文中却没有论述或言之不详。三是围绕文章的创新之处提问。论文的价值在于其所具备的创新之处，而不是对原有知识的重复，因此，答辩老师一般会让作者介绍文章的创新之处。通过对这些问题的提问，答辩老师就可以了解到论文的真实性，使学生在答辩中找到论文的薄弱环节，启发学生对所研究问题做更进一步的思考。在一问一答中，答辩老师能够较好地认识学生的业务能力，同时对文章的质量和水平做出正确的评价。

答辩老师提问宜贯彻先易后难的原则。答辩老师提出的第一个问题一般是学生答得出并且能答得好的问题，然后逐步深入。每个学生的功底不同，写出的论文水平高低不一，答辩老师会因人而提问，对基础较好、水平较高者，一般提有深度的问题，不致使其产生骄傲的情绪；对基础相对薄弱、水平较低者，一般提出较易回答的问题，不致使其产生慌乱的情绪，影响答辩。这就要求学生在答辩时态度一定要诚恳，知道就详加回答，不知就予以说明，答辩完再做了解。

答辩老师的提问通常为诱导的方式。答辩中，答辩老师联系论文的内容与学术背景并针对论文的实际而提出与论文直接或间接相关的问题。在学生回答不上来时，答辩老师会给予指点，学生要善于领会答辩老师的言外之意，理解答辩老师发问的目的。

三、答辩学生的应对

了解了答辩的程序与答辩老师提问的特点，答辩学生应做一些有针对性的准备工作。

第一，要熟悉自己所写论文的全文，尤其是通过自己的研究，最终得出了一个什么样的结论或认识，特别是主体部分和结论部分要反复推敲，对主体部分各个论点和论据要反复地琢磨，看其是否有自相矛盾之处，弄清、弄懂论文中所使用的主要概念的内涵、外延，对解释片面、模糊的地方要查漏补缺，认真设防，尽量不留漏洞。只有做了充分的准备，才能做到胸有成竹，临阵不慌。

第二，要准备好发言材料。发言材料包括简单的自我介绍及论文的陈述材料。答辩时，要先有礼貌地向答辩老师问好，接着做简单的自我介绍，然后再就论文的主要问题进行陈述。论文答辩时的自我介绍的内容主要包括自己的姓名、学号、论文的题目、指导教师等信息。论文的陈述材料是对文章简明扼要的概括，主要包括：自己为什么要选择这个问题，目前学界对该问题的研究情况如何，该问题代表性的学者及其观点；自己提出和解决了什么问题等，也就是文章的创新之处；研究这个题目的学术价值和社会价值；论文在研究中，还有哪些应涉及但因能力有限而未能完成的问题，也就是文章研究的不足之处。答辩学生陈述论文内容时，提纲挈领地把主要观点表述出来就可以了，不必展开细致的论证。

第三，认真做好应答准备。对论文中所涉及的重要引文，要知道其版本及出处，准确地界定各种概念。对目前学术界已有的成果、已经解决的基本问题、存在的争议、代表性的观点、代表性的文章或著作等问题要进一步熟悉。

第四，要有良好的精神风貌。大学生朝气蓬勃，充满青春和活力，在答辩时要特别注意自己的精神面貌。参加答辩时，学生要穿着朴素大方、干净整洁，符合自己的身份。着装打扮不能过于夸张和讲究，过分注重打扮则与学生的身份不太符合，与论文答辩的场所显得格格不入；也不能不修边幅、蓬头垢面、衣冠不整、过于随便，这是对答辩不重视的表现，这种态度会影响答辩老师对答辩学生的印象。

第五，答辩时要有充分的自信，不能紧张怯场。在对论文内容全面掌握了解的基础上，树立正确的答辩态度，不要对答辩存在紧张心理，这会影响答辩的质量；也不要对答辩毫不在意，认为只要写好文章就足够了，把答辩看作走过场。论文答辩是对自己几年学习效果的一次总的检阅，是大学期间进行的最后一场互动式教学，是完成的最后一份具有特殊意义的答卷。只有端正态度，以良好的精神面貌应对，才能顺利通过答辩，给自己交上一份满意的答卷。

第三节　答辩中应注意的问题

学生要能顺利地通过答辩，除了了解答辩的程序，做好积极的应对，还应了解和掌握答辩的技巧，在答辩时充分发挥出自己的水平。答辩中应注意以下问题。

一、携带答辩用品

答辩时一定要带上笔和纸，以便随时记录答辩老师的提问和有价值的信息，更好地做出回答。每位老师提出的问题不一，要认真做好记录，针对不同老师的提问，要仔细推敲、分析问题的要害和实质，这样不至于出现忘记问题、回答跑题等情况。

答辩时可以带上论文的底稿和一些必需的参考资料。带上论文，当遇到一时反应不过来的问题时，稍微翻阅一下，就可以避免不必要的尴尬和慌乱。带上参考资料，回答问题时就有了可靠的依据，在一定程度上可以增加学生的底气，缓解紧张情绪。

二、有针对性地回答问题

答辩时一定要认真听取答辩老师的提问，并快速记录。一定要听清题意，切忌未听清题意就盲目作答。如果对答辩老师的问题没有听清楚，可以要求答辩老师重复问题，也可以先把自己对问题的理解说出来，再询问答辩老师是否理解正确，得到肯定的答复后再做出回答。

回答问题时，一定要有针对性，要条理清楚、逻辑分明、紧扣问题、重点突出。一定要简明扼要，不可偏离主题，节外生枝。同时，要充满自信地以流畅的语言和肯定的语气把自己的观点陈述出来，不要吞吞吐吐、瞻前顾后、犹豫不决。

答辩中，答辩老师的有些问题会有难度，学生无法回答是很正常的。如果某个问题自己没有搞清楚，不太有把握，可以审慎地回答，能回答多少就回答多少，即使回答不准确也不要紧，只要与答辩老师所问的问题有关联，答辩老师一般会启发学生。如果确实不懂，就该实事求是地说明对该问题自己目前还没有研究清楚，坦诚地表示以后会认真研究此问题。

三、有理有据，沉着应对

答辩虽然是以回答为主，辩论为辅，但并不意味着学生不可以发表不同的意见，一味地顺从答辩老师的观点。当答辩老师与学生的观点不同时，可以进行辩论。因为答辩老师的提问有两种类型：一种是对基础知识的提问，这类问题是要求学生做出全面正确的回答，因而一般不用辩论；另一种是对有争议的学术问题的探讨，学术问题是没有统一固定答案的，持不同观点的人可以相互探讨。有的答辩老师提出与学生不同的观点，其实也不一定就是他本人的看法，而是站在相反立场上提出疑问，考查学生对某一问题认识的深度与广度，考查学生对自己观点的坚定程度与应变能力。遇到这种情况，答辩学生要据理力争，展开辩论。

与答辩老师的辩论一定要注意分寸，可以据理力争，但要注意说话的方式与辩论的技巧。一般来说，应当在坚持自己观点的前提下，用尽可能委婉的语气，用请教、商谈、举出反例来论证的办法，让答辩老师认可自己的观点，对自己的创新做出肯定性的评价。

在论文答辩结束后，学生应当进一步分析思考答辩老师提出的问题与给出的意见或建议，吸收有益的成分，加深对问题的认识程度，精心修改论文，使自己的论文质量得到进一步提高。

第四节　答辩后的修改

参加答辩是论文写作的重要环节，但并不是最后一步。在答辩结束之后，论文仍需继续修改。因此，学生在答辩过程中要认真听取答辩委员会主席和委员们的点评，细致地梳理相关意见和建议。对于一些明显的错误，必须予以改正；对于一些需要进一步深化研究的问题，则根据具体情况酌情处理，能修改的要尽可能予以修改。

一、论文中常见的问题

1. 题目表述不准确

主要包括题目的涵盖面和论文的内容不能高度吻合，不能很好地反映论文内容，甚至有文不对题之嫌；题目不精练，存在冗词赘语；题目不规范，如误拟为散文化、杂文化甚至公文化标题，以及存在用词不当等问题。

2. 摘要提炼不规范

主要包括以第一人称书写摘要与在摘要中介绍相关背景和研究成果、介绍文章结构、阐述研究意义、篇幅过长等问题。

3. 关键词标引不精准

主要包括关键词提取不准确、排序不合理，关键词漏选、过多或过少，以及使用泛义词、用句子充当关键词等问题。

4. 结构布局不合理

主要包括章节划分模糊、逻辑关系混乱、内容分布不平衡、段落划分不规范等问题。

5. 论证过程不严密

主要包括研究方法运用不当、使用孤证或材料不够翔实、理论分析欠缺、结论失之偏颇等问题。

6. 文献使用不完善

主要包括遗漏基本文献、未从原始文献中抄录资料、未能全面掌握相关研究成果等问题。

7. 行文表述不规范

主要包括错别字、语法错误、用词不当、语言不流畅、史料剪裁不合理、表格制作不规范、图片不清晰、排版不合理、另起引文与所在段落分离等问题。

8. 参考文献标注不正确

主要包括标注格式不规范、排序杂乱、主要文献缺失、文献信息错误等问题。

二、修改后正式提交论文

在论文答辩结束之后，针对论文中存在的问题进行修改，是论文写作中不可或缺的步骤。

在具体的修改中，对于题目表述不准确、摘要提炼不规范、关键词标引不精准、结构布局不合理、文献使用不完善、行文表述不规范、参考文献标注不正确等具体问题，必须全部改正过来，丝毫不能马虎。对于论证不严密的问题，则要视具体情况处理。如研究方法使用不当的问题，应尽可能改正；其他如材料支撑不够、理论分析欠缺、问题意识不强等问题，应量力而行，能增加的就增加，能提升的则提升；对限于资料收集以及学力、学识等一时难以解决的问题，应在绪论或结语中予以说明。特别需要指出的是，在修改论文时，一定要严格按照学校或学院的格式要求，对排版、字体、字号、行间距、页边距、标题格式、注释格式等做最后的检查，不能出现差错。

解决了答辩中提出和发现的问题之后，论文就可以定稿了。在提交之前，还要反复阅读全文，认真检查文字有无错讹、语句是否通顺、排版是否错行、引文是否准确、图表编排是否正确。为了尽可能地减少错误，在提交之前，也可以请老师和同学帮助检查，或者利用相关软件进行校对。在确认无误后，正式提交论文。

◀ **思考题** ▶

1. 谈谈你对论文答辩的必要性的认识。

2. 结合自己的论文，试写一篇答辩时的陈述报告。

3. 参加一次高年级学生或研究生的论文答辩，谈谈自己的体会。

4. 与同学组成答辩委员会，进行论文的预答辩。

5. 选取同学的一篇论文，试写一份论文评语。

教育部关于加强学术道德建设的若干意见

教人〔2002〕4 号

为了贯彻"三个代表"重要思想和《公民道德建设实施纲要》精神，在高等学校建设一支热爱祖国、具有强烈使命感、学术作风严谨、理论功底扎实、富有创新精神的高素质学术队伍，营造良好的学术氛围和制度环境，促进学术进步和科技创新，现就端正学术风气，加强学术道德建设的有关问题提出如下意见：

一、充分认识端正学术风气，加强学术道德建设的必要性和紧迫性

随着科教兴国战略的实施和我国社会主义现代化建设事业的推进，教育的改革发展进入了一个新的阶段。教育战线教学科研队伍不断壮大，高等学校学术气氛空前活跃，学术研究成果丰硕，一个百花齐放、百家争鸣、新人辈出、学术繁荣的良好局面正在形成。高等学校为培养人才和发展科学技术作出了重要贡献。在促进学术进步的事业中，广大教育工作者献身科学、殚精竭虑、无私奉献，付出了艰辛的劳动，同时也为维护和发扬教育界良好的学风和学术道德传统作出了不懈努力，取得了可喜成绩，体现了良好的师德风范。

但是，我们也必须清醒地看到，当前在学术研究工作中存在着不容忽视、某些方面还比较严重的学术风气不正、学术道德失范的问题，主要表现为：研究工作中

少数人违背基本学术道德，侵占他人劳动成果，或抄袭剽窃，或请他人代写文章，或署名不实；粗制滥造论文，个别人甚至篡改、伪造研究数据；受不良风气的影响，在研究成果鉴定、项目评审以及学校评估、学位授权审核等工作中也出现了一些弄虚作假，或试图以不正当手段影响评审结果的现象；有的人还利用权力为自己谋取学位、文凭，有些学校在利益驱动下降低标准乱发文凭。这些行为和现象严重损害了教育工作者和学校的形象，给教育事业带来了不良影响。如果听任其发展下去，将会严重污染学术环境，影响学术声誉，阻碍学术进步，进而影响社会发展和民族创新能力，应当引起我们的高度重视。

高等学校是人才培养和科技创新的重要基地。在高等学校倡导并形成崇尚诚实劳动、鼓励科研创新、遵循学术道德、保护知识产权的良好氛围，对于保护教学科研人员的积极性、主动性、创造性，保持高等学校的创新能力和科技竞争力，应对加入世界贸易组织之后国际竞争的挑战，具有重要意义。为此，端正学术风气，加强学术道德建设成为当前我国高等学校一项刻不容缓的重要任务。各级教育行政部门和高等学校要站在依法治国、以德治国，贯彻落实"三个代表"重要思想，实现中华民族伟大复兴的战略高度，充分认识当前端正学术风气，加强学术道德建设的必要性和紧迫性，提高工作的主动性、针对性和实效性，采取切实措施，规范学术行为，树立良好学术风气，促进和保障学术事业的健康发展。

二、端正学术风气，加强学术道德建设的基本要求

加强学术道德建设要以邓小平理论和党的十五届六中全会精神为指导，以国家有关法律法规为依据，针对学术工作中存在的不良现象和行为，建立和完善学术规范，形成有效的学术管理体制和工作机制，端正学术风气，营造良好的学术环境。当前要通过扎实有效的工作，加强对广大教师、教育工作者和学生的学术道德教育，培养求真务实、勇于创新、坚韧不拔、严谨自律的治学态度和学术精神，努力使他们成为良好学术风气的维护者，严谨治学的力行者，优良学术道德的传承者。

——增强献身科教、服务社会的历史使命感和社会责任感。广大教师和教育工作者要置身于科教兴国和中华民族伟大复兴的宏图伟业之中，以培养人才、繁荣学术、发展先进文化、推进社会进步为己任，努力攀登科学高峰。要增强事业心、责任感，正确对待学术研究中的名和利，将个人的事业发展与国家、民族的发展需要结合起来，反对沽名钓誉、急功近利、自私自利、损人利己等不良风气。

——坚持实事求是的科学精神和严谨的治学态度。要忠于真理、探求真知，自觉维护学术尊严和学者的声誉。要模范遵守学术研究的基本规范，以知识创新和技术创新，作为科学研究的直接目标和动力，把学术价值和创新性作为衡量学术水平的标准。在学术研究工作中要坚持严肃认真、严谨细致、一丝不苟的科学态度，不

得虚报教育教学和科研成果，反对投机取巧、粗制滥造、盲目追求数量不顾质量的浮躁作风和行为。

——树立法制观念，保护知识产权、尊重他人劳动和权益。要严以律己，依照学术规范，按照有关规定引用和应用他人的研究成果，不得剽窃、抄袭他人成果，不得在未参与工作的研究成果中署名，反对以任何不正当手段谋取利益的行为。

——认真履行职责，维护学术评价的客观公正。认真负责地参与学术评价，正确运用学术权力，公正地发表评审意见是评审专家的职责。在参与各种推荐、评审、鉴定、答辩和评奖等活动中，要坚持客观公正的评价标准，坚持按章办事，不徇私情，自觉抵制不良社会风气的影响和干扰。

——为人师表、言传身教，加强对青年学生进行学术道德教育。要向青年学生积极倡导求真务实的学术作风，传播科学方法。要以德修身、率先垂范，用自己高尚的品德和人格力量教育和感染学生，引导学生树立良好的学术道德，帮助学生养成恪守学术规范的习惯。

三、采取切实措施端正学术风气，加强学术道德建设

（一）各级教育行政部门、高等学校和有关单位要高度重视学术道德建设工作。高等学校校长要亲自抓学术道德建设，形成全面动员，齐抓共管，标本兼治的工作格局。要将端正学术风气，加强学术道德建设纳入学校校风建设的整体工作之中，进行统筹规划和实施，使这项工作真正落到实处。要充分发挥学校学术委员会、学位评定委员会等学术管理机构在端正学术风气、加强学术道德建设中的作用，明确其在学术管理和监督方面的职责，完善工作机制，保证学术管理机构的权威性、公正性。

（二）广泛深入地开展端正学术风气、加强学术道德建设教育。严守学术规范是师德的基本要求。必须加强对青年教师和青年教育工作者的自律和道德养成教育。当前，各级教育行政部门和高等学校要认真组织广大教师和教育工作者学习领会《公民道德建设实施纲要》提出的"爱国守法、明礼诚信、团结友善、勤俭自强、敬业奉献"的道德规范要求以及《著作权法》《专利法》等相关法律法规，广泛深入地开展学术道德宣传教育活动。要将教师职业道德、学术规范和知识产权等方面的法律法规及相关知识作为青年教师岗前培训的重要内容，并纳入学生思想品德课教学内容。要大力宣传严谨治学的典型事例和学术道德建设成绩卓著的单位。鼓励开展健康的学术批评，努力营造良好的学术风气。

（三）加大人事制度改革力度，完善人事考核制度。积极推行教育职员制度，建立强化高校党政管理人员管理职责的考核评价体系。改革职称评审，全面推进教师职务聘任制度，强化岗位、强化聘任。在实施教师职务聘任制和岗位责任制的改革

中，积极探索研究制定科学合理的人才评价方法和指标体系，形成有利于端正学术风气、加强学术道德建设的制度环境和良好氛围。将教师职业道德作为一项重要内容纳入教师年度考核。考核结果作为其职务聘任、晋级晋职和评比先进的重要依据。学校领导对学术道德建设工作的重视程度和实际效果，应作为年度述职报告和群众民主测评的重要内容。

（四）建立和完善科学的学术发展与评价机制，鼓励学术创新。高等学校要根据国家有关法律法规，结合实际，认真研究制定规范学术研究行为的规章制度。同时要遵循学术发展的特点和规律，采取有效措施，鼓励创新，多出精品成果。在学位论文答辩、学术论文发表、学术著作出版、科研项目立项与评审、学术奖项评定等方面要体现正确的政策导向，防止重数量轻质量、形式主义，甚至弄虚作假等不良倾向，建立健全公开、公平、公正的学术评价制度。为促进学术研究水准的提高和学术的长远发展，高校出版社、学术期刊要积极探索建立一套专业的、稿件作者和审稿人双向匿名的外部人审稿制度。

（五）建立学术惩戒处罚制度。对违反学术道德的行为，各级教育行政部门和相关机构一经查实要视具体情况给予批评教育，撤销项目，行政处分，取消资格、学位、称号，直至解聘等相应的处理和处罚。根据需要，可聘请相关学科的校内外专家组成学术规范专家界定小组，具体负责对违反学术规范的不道德现象和行为进行界定。对严重违反学术道德、影响极其恶劣的行为，在充分了解事实真相的基础上，通过媒体进行客观公正的批评。触犯法律的，依法追究有关当事人的法律责任。

对学术活动中各种不良行为的调查处理要严格掌握政策尺度，既要坚持原则、严肃认真，又要科学公正、实事求是。要以防微杜渐、教育帮助为主，处罚为辅。要注意分清政策界限，弄清事实真相，保护科研探索的积极性，保护有发展潜力的青年学者。对经查证核实，没有不良行为、受到不正当指控的单位和个人要及时予以保护，采取适当措施加以澄清、正名，使有关调查处理工作真正起到扶正压邪的作用。

（六）加强学历文凭、学位证书的管理工作。高等教育学历文凭、学位证书是受教育者的学业凭证。学历文凭、学位证书的颁发是一项极为严肃的工作。各高等教育管理部门、高等学校要本着对国家和人民负责的态度，进一步完备管理措施，严格按照教育教学要求，规范文凭、证书的颁发工作。各级教育行政部门要采取有力措施，对乱办班、降低标准滥发学历文凭和学位证书，甚至用文凭和证书换取"赞助"、"捐资"等败坏学风和校风的行为，要严肃查处、决不姑息。对那些违反有关规定滥发学历、学位证书的学校、单位，要进行整顿，对有关责任人要严肃处理。对不具有学历教育资格的教育、培训单位举办的所谓学历班等，要坚决予以取缔。

中华人民共和国国家标准
ICS01. 140. 10 A19 GB/T 15834—2011
标点符号用法

(中华人民共和国国家质量监督检验检疫总局 中国国家标准化管理委员会
2011 年 12 月 30 日发布，2012 年 6 月 1 日实施)

前 言

本标准按照 GB/T 1.1—2009 给出的规则起草。

本标准代替 GB/T 15834—1995，与 GB/T 15834—1995 相比，主要变化如下：

——根据我国国家标准编写规则（GB/T 1.1—2009），对本标准的编排和表述做了全面修改；

——更换了大部分示例，使之更简短、通俗、规范；

——增加了对术语"标点符号"和"语段"的定义（2.1/2.5）；

——对术语"复句"和"分句"的定义做了修改（2.3/2.4）；

——对句末点号（句号、问号、叹号）的定义做了修改，更强调句末点号与句子语气之间的关系（4.1.1/4.2.1/4.3.1）；

——对逗号的基本用法做了补充（4.4.3）；

——增加了不同形式括号用法的示例（4.9.3）；

——省略号的形式统一为六连点"……"，但在特定情况下允许连用（4.11）；

——取消了连接号中原有的二字线，将连接号形式规范为短横线"-"、一字线"—"和浪纹线"～"，并对三者的功能做了归并与划分（4.13）；

——明确了书名号的使用范围（4.15/A.13）；

——增加了分隔号的用法说明（4.17）；

——"标点符号的位置"一章的标题改为"标点符号的位置和书写形式"，并增加了使用中文输入软件处理标点符号时的相关规范（第 5 章）；

——增加了"附录"：附录 A 为规范性附录，主要说明标点符号不能怎样使用和对标点符号用法加以补充说明，以解决目前使用混乱或争议较大的问题。附录 B 为资料性附录，对功能有交叉的标点符号的用法做了区分，并对标点符号误用高发环境下的规范用法做了说明。

本标准由教育部语言文字信息管理司提出并归口。

本标准主要起草单位：北京大学。

本标准主要起草人：沈阳、刘妍、于泳波、翁姗姗。

本标准所代替标准的历次版本发布情况为：

——GB/T 15834—1995。

标 点 符 号 用 法

1　范围

本标准规定了现代汉语标点符号的用法。

本标准适用于汉语的书面语（包括汉语和外语混合排版时的汉语部分）。

2　术语和定义

下列术语和定义适用于本文件。

2.1

标点符号 punctuation

辅助文字记录语言的符号，是书面语的有机组成部分，用来表示语句的停顿、语气以及标示某些成分（主要是词语）的特定性质和作用。

注：数学符号、货币符号、校勘符号、辞书符号、注音符号等特殊领域的专门符号不属于标点符号。

2.2

句子 sentence

前后都有较大停顿、带有一定的语气和语调、表达相对完整意义的语言单位。

2.3

复句 complex sentence

由两个或多个在意义上有密切关系的分句组成的语言单位，包括简单复句（内部只有一层语义关系）和多重复句（内部包含多层语义关系）。

2.4

分句 clause

复句内两个或多个前后有停顿、表达相对完整意义、不带有句末语气和语调、有的前面可添加关联词语的语言单位。

2.5

语段 expression

指语言片段，是对各种语言单位（如词、短语、句子、复句等）不做特别区分时的统称。

3　标点符号的种类

3.1　点号

点号的作用是点断，主要表示停顿和语气。分为句末点号和句内点号。

3.1.1 句末点号

用于句末的点号，表示句末停顿和句子的语气。包括句号、问号、叹号。

3.1.2 句内点号

用于句内的点号，表示句内各种不同性质的停顿。包括逗号、顿号、分号、冒号。

3.2 标号

标号的作用是标明，主要标示某些成分（主要是词语）的特定性质和作用。包括引号、括号、破折号、省略号、着重号、连接号、间隔号、书名号、专名号、分隔号。

4 标点符号的定义、形式和用法

4.1 句号

4.1.1 定义

句末点号的一种，主要表示句子的陈述语气。

4.1.2 形式

句号的形式是"。"。

4.1.3 基本用法

4.1.3.1 用于句子末尾，表示陈述语气。使用句号主要根据语段前后有较大停顿、带有陈述语气和语调，并不取决于句子的长短。

示例 1：北京是中华人民共和国的首都。

示例 2：（甲：咱们走着去吧？）乙：好。

4.1.3.2 有时也可以表示较缓和的祈使语气和感叹语气。

示例 1：请您稍等一下。

示例 2：我不由地感到，这些普通劳动者也同样是很值得尊敬的。

4.2 问号

4.2.1 定义

句末点号的一种，主要表示句子的疑问语气。

4.2.2 形式

问号的形式是"？"。

4.2.3 基本用法

4.2.3.1 用于句子末尾，表示疑问语气（包括反问、设问等疑问类型）。使用问号主要根据语段前后有较大停顿、带有疑问语气和语调，并不取决于句子的长短。

示例 1：你怎么还不回家去呢？

示例 2：难道这些普通的战士不值得歌颂吗？

示例 3：（一个外国人，不远万里来到中国，帮助中国的抗日战争。）这是什么精神？这是国际主义的精神。

4.2.3.2　选择问句中，通常只在最后一个选项的末尾用问号，各个选项之间一般用逗号隔开。当选项较短且选项之间几乎没有停顿时，选项之间可不用逗号。当选项较多或较长，或有意突出每个选项的独立性时，也可每个选项之后都用问号。

示例1：诗中记述的这场战争究竟是真实的历史描述，还是诗人的虚构？

示例2：这是巧合还是有意安排？

示例3：要一个什么样的结尾：现实主义的？传统的？大团圆的？荒诞的？民族形式的？有象征意义的？

示例4：（他看着我的作品称赞了我。）但到底是称赞我什么：是有几处画得好？还是什么都敢画？抑或只是一种对于失败者的无可奈何的安慰？我不得而知。

示例5：这一切都是由客观的条件造成的？还是由行为的惯性造成的？

4.2.3.3　在多个问句连用或表达疑问语气加重时，可叠用问号。通常应先单用，再叠用，最多叠用三个问号。在没有异常强烈的情感表达需要时不宜叠用问号。

示例：这就是你的做法吗？你这个总经理是怎么当的？？你怎么竟敢这样欺骗消费者？？？

4.2.3.4　问号也有标号的用法，即用于句内，表示存疑或不详。

示例1：马致远（1250？—1321），大都人，元代戏曲家、散曲家。

示例2：钟嵘（？—518），颖川长社人，南朝梁代文学批评家。

示例3：出现这样的文字错误，说明作者（编者？校者？）很不认真。

4.3　叹号

4.3.1　定义

句末点号的一种，主要表示句子的感叹语气。

4.3.2　形式

叹号的形式是"！"。

4.3.3　基本用法

4.3.3.1　用于句子末尾，主要表示感叹语气，有时也可表示强烈的祈使语气、反问语气等。使用叹号主要根据语段前后有较大停顿、带有感叹语气和语调或带有强烈的祈使、反问语气和语调，并不取决于句子的长短。

示例1：才一年不见，这孩子都长这么高啦！

示例2：你给我住嘴！

示例3：谁知道他今天是怎么搞的！

4.3.3.2　用于拟声词后，表示声音短促或突然。

示例1：咔嚓！一道闪电划破了夜空。

示例2：咚！咚咚！突然传来一阵急促的敲门声。

4.3.3.3　表示声音巨大或声音不断加大时，可叠用叹号；表达强烈语气时，也可叠用叹号，最多叠用三个叹号。在没有异常强烈的情感表达需要时不宜叠用叹号。

示例1：轰！！在这天崩地塌的声音中，女娲猛然醒来。

示例2：我要揭露！我要控诉！！我要以死抗争！！！

4.3.3.4　当句子包含疑问、感叹两种语气且都比较强烈时（如带有强烈感情的反问句和带有惊愕语气的疑问句），可在问号后再加叹号（问号、叹号各一）。

示例1：这么点困难就能把我们吓倒吗?！

示例2：他连这些最起码的常识都不懂，还敢说自己是高科技人材?！

4.4　逗号

4.4.1　定义

句内点号的一种，表示句子或语段内部的一般性停顿。

4.4.2　形式

逗号的形式是"，"。

4.4.3　基本用法

4.4.3.1　复句内各分句之间的停顿，除了有时用分号（见4.6.3.1），一般都用逗号。

示例1：不是人们的意识决定人们的存在，而是人们的社会存在决定人们的意识。

示例2：学历史使人更明智，学文学使人更聪慧，学数学使人更精细，学考古使人更深沉。

示例3：要是不相信我们的理论能反映现实，要是不相信我们的世界有内在和谐，那就不可能有科学。

4.4.3.2　用于下列各种语法位置：

a）较长的主语之后。

示例1：苏州园林建筑各种门窗的精美设计和雕镂功夫，都令人叹为观止。

b）句首的状语之后。

示例2：在苍茫的大海上，狂风卷集着乌云。

c）较长的宾语之前。

示例3：有的考古工作者认为，南方古猿生存于上新世至更新世的初期和中期。

d）带句内语气词的主语（或其他成分）之后，或带句内语气词的并列成分之间。

示例4：他呢，倒是很乐观地、全神贯注地干起来了。

示例5：（那是个没有月亮的夜晚。）可是整个村子——白房顶啦，白树木啦，雪堆啦，全看得见。

e）较长的主语中间、谓语中间和宾语中间。

示例6：母亲沉痛的诉说，以及亲眼看到的事实，都启发了我幼年时期追求真理的思想。

示例7：那姑娘头戴一顶草帽，身穿一条绿色的裙子，腰间还系着一根橙色的腰带。

示例8：必须懂得，对于文化传统，既不能不分青红皂白统统抛弃，也不能不管精华糟粕全盘继承。

f）前置的谓语之后或后置的状语、定语之前。

示例9：真美啊，这条蜿蜒的林间小路。

示例10：她吃力地站了起来，慢慢地。

示例11：我只是一个人，孤孤单单的。

4.4.3.3　用于下列各种停顿处：

a）复指成分或插说成分前后。

示例1：老张，就是原来的办公室主任，上星期已经调走了。

示例2：车，不用说，当然是头等。

b）语气缓和的感叹语、称谓语或呼唤语之后。

示例3：哎哟，这儿，快给我揉揉。

示例4：大娘，您到哪儿去啊？

示例5：喂，你是哪个单位的？

c）某些序次语（"第"字头、"其"字头及"首先"类序次语）之后。

示例6：为什么许多人都有长不大的感觉呢？原因有三：第一，父母总认为自己比孩子成熟；第二，父母总要以自己的标准来衡量孩子；第三，父母出于爱心而总不想让孩子在成长的过程中走弯路。

示例7：《玄秘塔碑》所以成为书法的范本，不外乎以下几方面的因素：其一，具有楷书点画、构体的典范性；其二，承上启下，成为唐楷的极致；其二，字如其人，爱人及字，柳公权高尚的书品、人品为后人所崇仰。

示例8：下面从三个方面讲讲语言的污染问题：首先，是特殊语言环境中的语言污染问题；其次，是滥用缩略语引起的语言污染问题；再次，是空话和废话引起的语言污染问题。

4.5　顿号

4.5.1　定义

句内点号的一种，表示语段中并列词语之间或某些序次语之后的停顿。

4.5.2　形式

顿号的形式是"、"。

4.5.3　基本用法

4.5.3.1　用于并列词语之间。

示例1：这里有自由、民主、平等、开放的风气和氛围。

示例2：造型科学、技艺精湛、气韵生动，是盛唐石雕的特色。

4.5.3.2　用于需要停顿的重复词语之间。

示例：他几次三番、几次三番地辩解着。

4.5.3.3　用于某些序次语（不带括号的汉字数字或"天干地支"类序次语）之后。

示例1：我准备讲两个问题：一、逻辑学是什么？二、怎样学好逻辑学？

示例2：风格的具体内容主要有以下四点：甲、题材；乙、用字；丙、表达；丁、色彩。

4.5.3.4　相邻或相近两数字连用表示概数通常不用顿号。若相邻两数字连用为缩略形式，宜用顿号。

示例1：飞机在6 000米高空水平飞行时，只能看到两侧八九公里和前方一二十公里范围内的地面。

示例2：这种凶猛的动物常常三五成群地外出觅食和活动。

示例3：农业是国民经济的基础，也是二、三产业的基础。

4.5.3.5　标有引号的并列成分之间、标有书名号的并列成分之间通常不用顿号。若有其他成分插在并列的引号之间或并列的书名号之间（如引语或书名号之后还有括注），宜用顿号。

示例1："日""月"构成"明"字。

示例2：店里挂着"顾客就是上帝""质量就是生命"等横幅。

示例3：《红楼梦》《三国演义》《西游记》《水浒传》，是我国长篇小说的四大名著。

示例4：李白的"白发三千丈"（《秋浦歌》）、"朝如青丝暮成雪"（《将进酒》）都是脍炙人口的诗句。

示例5：办公室里订有《人民日报》（海外版）、《光明日报》和《时代周刊》等报刊。

4.6　分号

4.6.1　定义

句内点号的一种，表示复句内部并列关系分句之间的停顿，以及非并列关系的多重复句中第一层分句之间的停顿。

4.6.2　形式

分号的形式是";"。

4.6.3　基本用法

4.6.3.1　表示复句内部并列关系的分句（尤其当分句内部还有逗号时）之间的停顿。

示例1：语言文字的学习，就理解方面说，是得到一种知识；就运用方面说，是养成一种习惯。

示例 2：内容有分量，尽管文章短小，也是有分量的；内容没有分量，即使写得再长也没有用。

4.6.3.2　表示非并列关系的多重复句中第一层分句（主要是选择、转折等关系）之间的停顿。

示例 1：人还没看见，已经先听见歌声了；或者人已经转过山头望不见了，歌声还余音袅袅。

示例 2：尽管人民革命的力量在开始时总是弱小的，所以总是受压的；但是由于革命的力量代表历史发展的方向，因此本质上又是不可战胜的。

示例 3：不管一个人如何伟大，也总是生活在一定的环境和条件下；因此，个人的见解总难免带有某种局限性。

示例 4：昨天夜里下了一场雨，以为可以凉快些；谁知没有凉快下来，反而更热了。

4.6.3.3　用于分项列举的各项之间。

示例：特聘教授的岗位职责为：一、讲授本学科的主干基础课程；二、主持本学科的重大科研项目；三、领导本学科的学术队伍建设；四、带领本学科赶超或保持世界先进水平。

4.7　冒号

4.7.1　定义

句内点号的一种，表示语段中提示下文或总结上文的停顿。

4.7.2　形式

冒号的形式是"："。

4.7.3　基本用法

4.7.3.1　用于总说性或提示性词语（如"说""例如""证明"等）之后，表示提示下文。

示例 1：北京紫禁城有四座城门：午门、神武门、东华门和西华门。

示例 2：她高兴地说："咱们去好好庆祝一下吧！"

示例 3：小王笑着点了点头："我就是这么想的。"

示例 4：这一事实证明：人能创造环境，环境同样也能创造人。

4.7.3.2　表示总结上文。

示例：张华上了大学，李萍进了技校，我当了工人：我们都有美好的前途。

4.7.3.3　用在需要说明的词语之后，表示注释和说明。

示例 1：（本市将举办首届大型书市。）主办单位：市文化局；承办单位：市图书进出口公司；时间：8 月 15 日—20 日；地点：市体育馆观众休息厅。

示例 2：（做阅读理解题有两个办法。）办法之一：先读题干，再读原文，带着问题有针对性地读课文。办法之二：直接读原文，读完再做题，减少先入为主的干扰。

4.7.3.4　用于书信、讲话稿中称谓语或称呼语之后。

示例 1：广平先生：……

示例 2：同志们、朋友们：……

4.7.3.5　一个句子内部一般不应套用冒号。在列举式或条文式表述中，如不得不套用冒号时，宜另起段落来显示各个层次。

示例：第十条　遗产按照下列顺序继承：

第一顺序：配偶、子女、父母。

第二顺序：兄弟姐妹、祖父母、外祖父母。

4.8　引号

4.8.1　定义

标号的一种，标示语段中直接引用的内容或需要特别指出的成分。

4.8.2　形式

引号的形式有双引号""""和单引号"''"两种。左侧的为前引号，右侧的为后引号。

4.8.3　基本用法

4.8.3.1　标示语段中直接引用的内容。

示例：李白诗中就有"白发三千丈"这样极尽夸张的语句。

4.8.3.2　标示需要着重论述或强调的内容。

示例：这里所谓的"文"，并不是指文字，而是指文采。

4.8.3.3　标示语段中具有特殊含义而需要特别指出的成分，如别称、简称、反语等。

示例 1：电视被称作"第九艺术"。

示例 2：人类学上常把古人化石统称为尼安德特人，简称"尼人"。

示例 3：有几个"慈祥"的老板把捡来的菜叶用盐浸浸就算作工友的菜肴。

4.8.3.4　当引号中还需要使用引号时，外面一层用双引号，里面一层用单引号。

示例：他问："老师，'七月流火'是什么意思？"

4.8.3.5　独立成段的引文如果只有一段，段首和段尾都用引号；不止一段时，每段开头仅用前引号，只在最后一段末尾用后引号。

示例：我曾在报纸上看到有人这样谈幸福：

"幸福是知道自己喜欢什么和不喜欢什么。……

"幸福是知道自己擅长什么和不擅长什么。……

"幸福是在正确的时间做了正确的选择。……"

4.8.3.6　在书写带月、日的事件、节日或其他特定意义的短语（含简称）时，通常只标引其中的月和日；需要突出和强调该事件或节日本身时，也可连同事件或节日一起标引。

示例1："5·12"汶川大地震

示例2："五四"以来的话剧，是我国戏剧中的新形式。

示例3：纪念"五四运动"90周年

4.9　括号

4.9.1　定义

标号的一种，标示语段中的注释内容、补充说明或其他特定意义的语句。

4.9.2　形式

括号的主要形式是圆括号"（　）"，其他形式还有方括号"［　］"、六角括号"〔　〕"和方头括号"【　】"等。

4.9.3　基本用法

4.9.3.1　标示下列各种情况，均用圆括号：

a）标示注释内容或补充说明。

示例1：我校拥有特级教师（含已退休的）17人。

示例2：我们不但善于破坏一个旧世界，我们还将善于建设一个新世界！（热烈鼓掌）

b）标示订正或补加的文字。

示例3：信纸上用稚嫩的字体写着"阿夷（姨），你好！"。

示例4：该建筑公司负责的建设工程全部达到优良工程（的标准）。

c）标示序次语。

示例5：语言有三个要素：（1）声音；（2）结构；（3）意义。

示例6：思想有三个条件：（一）事理；（二）心理；（三）伦理。

d）标示引语的出处。

示例7：他说得好："未画之前，不立一格；既画之后，不留一格。"（《板桥集·题画》）

e）标示汉语拼音注音。

示例8："的（de）"这个字在现代汉语中最常用。

4.9.3.2　标示作者国籍或所属朝代时，可用方括号或六角括号。

示例1：［英］赫胥黎《进化论与伦理学》

示例2：〔唐〕杜甫著

4.9.3.3　报刊标示电讯、报道的开头，可用方头括号。

示例：【新华社南京消息】

4.9.3.4　标示公文发文字号中的发文年份时，可用六角括号。

示例：国发〔2011〕3号文件

4.9.3.5　标示被注释的词语时，可用六角括号或方头括号。

示例1：〔奇观〕奇伟的景象。

示例2：【爱因斯坦】物理学家。生于德国，1933 年因受纳粹政权迫害，移居美国。

4.9.3.6　除科技书刊中的数学、逻辑公式外，所有括号（特别是同一形式的括号）应尽量避免套用。必须套用括号时，宜采用不同的括号形式配合使用。

示例：〔茸（róng）毛〕很细很细的毛。

4.10　破折号

4.10.1　定义

标号的一种，标示语段中某些成分的注释、补充说明或语音、意义的变化。

4.10.2　形式

破折号的形式是"——"。

4.10.3　基本用法

4.10.3.1　标示注释内容或补充说明（也可用括号，见 4.9.3.1；二者的区别另见 B.1.7）。

示例1：一个矮小而结实的日本中年人——内山老板走了过来。

示例2：我一直坚持读书，想借此唤起弟妹对生活的希望——无论环境多么困难。

4.10.3.2　表示插入语（也可用逗号，见 4.4.3.3）。

示例：这简直就是——说得不客气点——无耻的勾当！

4.10.3.3　标示总结上文或提示下文（也可用冒号，见 4.7.3.1、4.7.3.2）。

示例1：坚强，纯洁，严于律己，客观公正——这一切都难得地集中在一个人身上。

示例2：画家开始娓娓道来——

数年前的一个寒冬，……

4.10.3.4　标示话题的转换。

示例："好香的干菜，——听到风声了吗？"赵七爷低声说道。

4.10.3.5　标示声音的延长。

示例："嘎——"传过来一声水禽被惊动的鸣叫。

4.10.3.6　标示话语的中断或间隔。

示例1："班长他牺——"小马话没说完就大哭起来。

示例2："亲爱的妈妈，你不知道我多爱您。——还有你，我的孩子！"

4.10.3.7　标示引出对话。

示例：——你长大后想成为科学家吗？

——当然想了！

4.10.3.8　标示事项列举分承。

示例：根据研究对象的不同，环境物理学分为以下五个分支学科：

——环境声学；

——环境光学；

——环境热学；

——环境电磁学；

——环境空气动力学。

4.10.3.9　用于副标题之前。

示例：飞向太平洋

——我国新型号运载火箭发射目击记

4.10.3.10　用于引文、注文后，标示作者、出处或注释者。

示例1：先天下之忧而忧，后天下之乐而乐。

——范仲淹

示例2：乐浪海中有倭人，分为百余国。

——《汉书》

示例3：很多人写好信后把信笺折成方胜形，我看大可不必。（方胜，指古代妇女戴的方形首饰，用彩绸等制作，由两个斜方部分叠合而成。——编者注）

4.11　省略号

4.11.1　定义

标号的一种，标示语段中某些内容的省略及意义的断续等。

4.11.2　形式

省略号的形式是"……"。

4.11.3　基本用法

4.11.3.1　标示引文的省略。

示例：我们齐声朗诵起来："……俱往矣，数风流人物，还看今朝。"

4.11.3.2　标示列举或重复词语的省略。

示例1：对政治的敏感，对生活的敏感，对性格的敏感，……这都是作家必须要有的素质。

示例2：他气得连声说："好，好……算我没说。"

4.11.3.3　标示语意未尽。

示例1：在人迹罕至的深山密林里，假如突然看见一缕炊烟，……

示例2：你这样干，未免太……！

4.11.3.4　标示说话时断断续续。

示例：她磕磕巴巴地说："可是……太太……我不知道……你一定是认错了。"

4.11.3.5　标示对话中的沉默不语。

示例："还没结婚吧?"

"……"他飞红了脸，更加忸怩起来。

4.11.3.6　标示特定的成分虚缺。

示例：只要……就……

4.11.3.7　在标示诗行、段落的省略时，可连用两个省略号（即相当于十二连点）。

示例1：从隔壁房间传来缓缓而抑扬顿挫的吟咏声——

床前明月光，疑是地上霜。

…………

示例2：该刊根据工作质量、上稿数量、参与程度等方面的表现，评选出了高校十佳记者站。还根据发稿数量、提供新闻线索情况以及对刊物的关注度等，评选出了十佳通讯员。

…………

4.12　着重号

4.12.1　定义

标号的一种，标示语段中某些重要的或需要指明的文字。

4.12.2　形式

着重号的形式是"．"标注在相应文字的下方。

4.12.3　基本用法

4.12.3.1　标示语段中重要的文字。

示例1：诗人需要表现，而不是证明。

示例2：下面对本文的理解，不正确的一项是：……

4.12.3.2　标示语段中需要指明的文字。

示例：下边加点的字，除了在词中的读法外，还有哪些读法？

着急　子弹　强调

4.13　连接号

4.13.1　定义

标号的一种，标示某些相关联成分之间的连接。

4.13.2　形式

连接号的形式有短横线"-"、一字线"—"和浪纹线"～"三种。

4.13.3　基本用法

4.13.3.1　标示下列各种情况，均用短横线。

a）化合物的名称或表格、插图的编号。

示例1：3-戊酮为无色液体，对眼及皮肤有强烈刺激性。

示例2：参见下页表2-8、表2-9。

b）连接号码，包括门牌号码、电话号码，以及用阿拉伯数字表示年月日等。

示例 3：安宁里东路 26 号院 3 - 2 - 11 室

示例 4：联系电话：010 - 88842603

示例 5：2011 - 02 - 15

c）在复合名词中起连接作用。

示例 6：吐鲁番-哈密盆地

d）某些产品的名称和型号。

示例 7：WZ - 10 直升机具有复杂天气和夜间作战的能力。

e）汉语拼音、外来语内部的分合。

示例 8：shuōshuō-xiàoxiào（说说笑笑）

示例 9：盎格鲁-撒克逊人

示例 10：让-雅克·卢梭（"让-雅克"为双名）

示例 11：皮埃尔·孟戴斯-弗朗斯（"孟戴斯-弗朗斯"为复姓）

4.13.3.2　标示下列各种情况，一般用一字线，有时也可用浪纹线。

a）标示相关项目（如时间、地域等）的起止。

示例 1：沈括（1031—1095），宋朝人。

示例 2：2011 年 2 月 3 日—10 日

示例 3：北京—上海特别旅客快车

b）标示数值范围（由阿拉伯数字或汉字数字构成）的起止。

示例 4：25～30g

示例 5：第五～八课

4.14　间隔号

4.14.1　定义

标号的一种，标示某些相关联成分之间的分界。

4.14.2　形式

间隔号的形式是"·"。

4.14.3　基本用法

4.14.3.1　标示外国人名或少数民族人名内部的分界。

示例 1：克里丝蒂娜·罗塞蒂

示例 2：阿依古丽·买买提

4.14.3.2　标示书名与篇（章、卷）名之间的分界。

示例：《淮南子·本经训》

4.14.3.3　标示词牌、曲牌、诗体名等和题名之间的分界。

示例 1：《沁园春·雪》

示例 2：《天净沙·秋思》

示例 3：《七律·冬云》

4.14.3.4 用在构成标题或栏目名称的并列词语之间。

示例：《天·地·人》

4.14.3.5 以月、日为标志的事件或节日，用汉字数字表示时，只在一、十一和十二月后用间隔号；当直接用阿拉伯数字表示时，月、日之间均用间隔号（半角字符）。

示例 1："九一八"事变 "五四"运动

示例 2："一·二八"事变 "一二·九"运动

示例 3："3·15"消费者权益日 "9·11"恐怖袭击事件

4.15 书名号

4.15.1 定义

标号的一种，标示语段中出现的各种作品的名称。

4.15.2 形式

书名号的形式有双书名号"《 》"和单书名号"〈 〉"两种。

4.15.3 基本用法

4.15.3.1 标示书名、卷名、篇名、刊物名、报纸名、文件名等。

示例 1：《红楼梦》（书名）

示例 2：《史记·项羽本纪》（卷名）

示例 3：《论雷峰塔的倒掉》（篇名）

示例 4：《每周关注》（刊物名）

示例 5：《人民日报》（报纸名）

示例 6：《全国农村工作会议纪要》（文件名）

4.15.3.2 标示电影、电视、音乐、诗歌、雕塑等各类用文字、声音、图像等表现的作品的名称。

示例 1：《渔光曲》（电影名）

示例 2：《追梦录》（电视剧名）

示例 3：《勿忘我》（歌曲名）

示例 4：《沁园春·雪》（诗词名）

示例 5：《东方欲晓》（雕塑名）

示例 6：《光与影》（电视节目名）

示例 7：《社会广角镜》（栏目名）

示例 8：《庄子研究文献数据库》（光盘名）

示例 9：《植物生理学系列挂图》（图片名）

4.15.3.3 标示全中文或中文在名称中占主导地位的软件名。

示例：科研人员正在研制《电脑卫士》杀毒软件。

4.15.3.4 标示作品名的简称。

示例：我读了《念青唐古拉山脉纪行》一文（以下简称《念》），收获很大。

4.15.3.5 当书名号中还需要书名号时，里面一层用单书名号，外面一层用双书名号。

示例：《教育部关于提请审议〈高等教育自学考试试行办法〉的报告》

4.16 专名号

4.16.1 定义

标号的一种，标示古籍和某些文史类著作中出现的特定类专有名词。

4.16.2 形式

专名号的形式是一条直线，标注在相应文字的下方。

4.16.3 基本用法

4.16.3.1 标示古籍、古籍引文或某些文史类著作中出现的专有名词，主要包括人名、地名、国名、民族名、朝代名、年号、宗教名、官署名、组织名等。

示例1：孙坚人马被刘表率军围得水泄不通。（人名）

示例2：于是聚集冀、青、幽、并四州兵马七十多万准备决一死战。（地名）

示例3：当时乌孙及西域各国都向汉派遣了使节。（国名、朝代名）

示例4：从咸宁二年到太康十年，匈奴、鲜卑、乌桓等族人徙居塞内。（年号、民族名）

4.16.3.2 现代汉语文本中的上述专有名词，以及古籍和现代文本中的单位名、官职名、事件名、会议名、书名等不应使用专名号。必须使用标号标示时，宜使用其他相应标号（如引号、书名号等）。

4.17 分隔号

4.17.1 定义

标号的一种，标示诗行、节拍及某些相关文字的分隔。

4.17.2 形式

分隔号的形式是"/"。

4.17.3 基本用法

4.17.3.1 诗歌接排时分隔诗行（也可使用逗号和分号，见4.4.3.1/4.6.3.1）。

示例：春眠不觉晓/处处闻啼鸟/夜来风雨声/花落知多少。

4.17.3.2 标示诗文中的音节节拍。

示例：横眉/冷对/千夫指，俯首/甘为/孺子牛。

4.17.3.3 分隔供选择或可转换的两项，表示"或"。

示例：动词短语中除了作为主体成分的述语动词之外，还包括述语动词所带的宾语和/或补语。

4.17.3.4　分隔组成一对的两项，表示"和"。

示例1：13/14次特别快车

示例2：羽毛球女双决赛中国组合杜婧/于洋两局完胜韩国名将李孝贞/李敬元。

4.17.3.5　分隔层级或类别。

示例：我国的行政区划分为：省（直辖市、自治区）/省辖市（地级市）/县（县级市、区、自治州）/乡（镇）/村（居委会）。

5　标点符号的位置和书写形式

5.1　横排文稿标点符号的位置和书写形式

5.1.1　句号、逗号、顿号、分号、冒号均置于相应文字之后，占一个字位置，居左下，不出现在一行之首。

5.1.2　问号、叹号均置于相应文字之后，占一个字位置，居左，不出现在一行之首。两个问号（或叹号）叠用时，占一个字位置；三个问号（或叹号）叠用时，占两个字位置；问号和叹号连用时，占一个字位置。

5.1.3　引号、括号、书名号中的两部分标在相应项目的两端，各占一个字位置。其中前一半不出现在一行之末，后一半不出现在一行之首。

5.1.4　破折号标在相应项目之间，占两个字位置，上下居中，不能中间断开分处上行之末和下行之首。

5.1.5　省略号占两个字位置，两个省略号连用时占四个字位置并须单独占一行。省略号不能中间断开分处上行之末和下行之首。

5.1.6　连接号中的短横线比汉字"一"略短，占半个字位置；一字线比汉字"一"略长，占一个字位置；浪纹线占一个字位置。连接号上下居中，不出现在一行之首。

5.1.7　间隔号标在需要隔开的项目之间，占半个字位置，上下居中，不出现在一行之首。

5.1.8　着重号和专名号标在相应文字的下边。

5.1.9　分隔号占半个字位置，不出现在一行之首或一行之末。

5.1.10　标点符号排在一行末尾时，若为全角字符则应占半角字符的宽度（即半个字位置），以使视觉效果更美观。

5.1.11　在实际编辑出版工作中，为排版美观、方便阅读等需要，或为避免某一小节最后一个汉字转行或出现在另外一页开头等情况（浪费版面及视觉效果差），可适当压缩标点符号所占用的空间。

5.2　竖排文稿标点符号的位置和书写形式

5.2.1　句号、问号、叹号、逗号、顿号、分号和冒号均置于相应文字之下偏右。

5.2.2　破折号、省略号、连接号、间隔号和分隔号置于相应文字之下居中，上下方向排列。

5.2.3　引号改用双引号"﹁""﹂"和单引号"﹁""﹂"，括号改用"︵""︶"，标在相应项目的上下。

5.2.4　竖排文稿中使用浪线式书名号"﹏﹏"，标在相应文字的左侧。

5.2.5　着重号标在相应文字的右侧，专名号标在相应文字的左侧。

5.2.6　横排文稿中关于某些标点不能居行首或行末的要求，同样适用于竖排文稿。

图书在版编目（CIP）数据

史学论文写作教程：第 2 版/田澍主编；常成，张连银，马玉凤副主编.--北京：中国人民大学出版社，2025.3.--（新编21世纪史学系列教材）.-- ISBN 978-7-300-33666-4

Ⅰ.K062

中国国家版本馆 CIP 数据核字第 202558GN44 号

新编 21 世纪史学系列教材

史学论文写作教程（第 2 版）

主　编　田　澍

副主编　常　成　张连银　马玉凤

Shixue Lunwen Xiezuo Jiaocheng

出版发行	中国人民大学出版社	
社　　址	北京中关村大街 31 号	**邮政编码**　100080
电　　话	010 - 62511242（总编室）	010 - 62511770（质管部）
	010 - 82501766（邮购部）	010 - 62514148（门市部）
	010 - 62515195（发行公司）	010 - 62515275（盗版举报）
网　　址	http://www.crup.com.cn	
经　　销	新华书店	
印　　刷	北京市鑫霸印务有限公司	
开　　本	787 mm×1092 mm　1/16	**版　次**　2025 年 3 月第 1 版
印　　张	10.5 插页 1	**印　次**　2025 年 3 月第 1 次印刷
字　　数	206 000	**定　价**　59.00 元

关联课程教材推荐

ISBN	书名	作者	单价（元）
978-7-300-12701-9	中国近代史（1840—1949）（第2版）	王先明	79.00
978-7-300-28884-0	中国史学史（第2版）	乔治忠	59.00
978-7-300-27823-0	中国历史文献学（第2版）	黄爱平	59.00
978-7-300-27963-3	中国历史文选	李晓菊	99.00
978-7-300-28245-9	世界上古史（第2版）	晏绍祥	49.00
978-7-300-28911-3	世界中世纪史（第2版）	孟广林	59.00
978-7-300-12603-6	世界当代史（第2版）	李世安	45.00
978-7-300-32238-4	西方文明史	孟广林 等	49.00
978-7-300-32291-9	考古学概论（第3版）	马利清	59.00
978-7-300-27627-4	《资治通鉴》二十讲（第2版）	刘后滨 等	45.00

配套教学资源下载说明

尊敬的老师：

衷心感谢您选择人大版教材！相关的配套教学资源，请到中国人民大学出版社官网（www.crup.com.cn）下载。部分教学资源需要验证教师身份后下载。请您登录出版社官网，点右上角"注册"，填写"会员中心"的"我的教师认证"项目，等待后台审核。我们将尽快为您开通下载权限。

如您急需教学资源或教材样书，也可以直接与我们的编辑联系。

联系人：刘静　　电话：010 - 62513587　　电子邮箱：12918646@qq.com

群名称：全国历史学专业教师群
群　号：565494899

俯仰天地　心系人文

www.crup.com.cn

欢迎您加入全国历史学专业教师群，
开展学术讨论，交流教学心得。

QQ 群号：565494899